Symbole

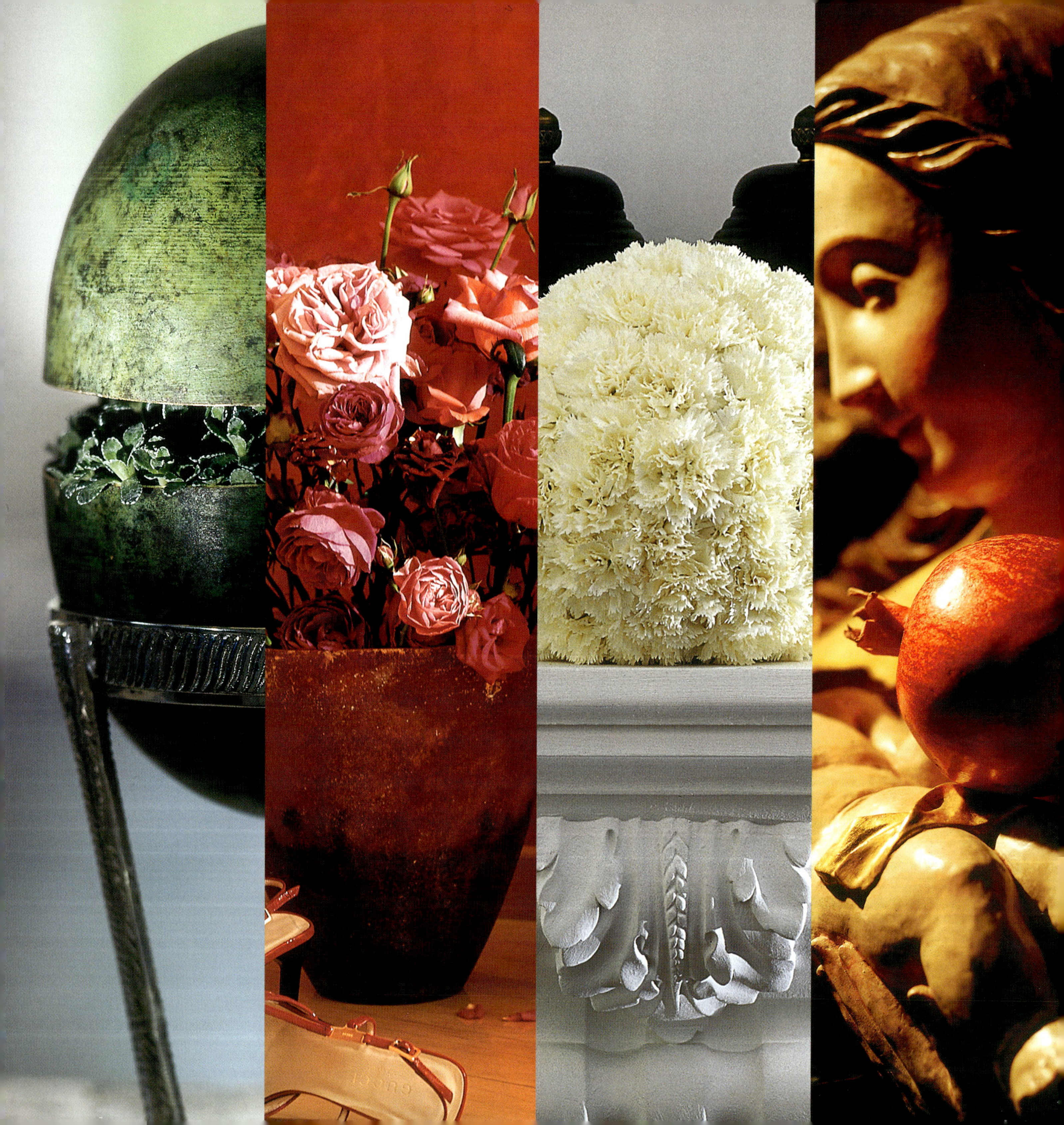

Franz-Josef Wein

Symbole

Für meine Eltern

Fotografie: Erich Francois

ULMER

V O R W O R T

In unserer rationalen und ziemlich nüchternen Zeit scheint kein Platz mehr für Symbole zu sein, sie werden ersetzt von den Piktogrammen und Codes der Computersprache. Die Welt der Zeichen, der geheimnisvollen Bedeutungen ist eine andere als unsere heutige. Und doch sind sie noch immer präsent, die Gegenstände, Figuren, Bilder, die jeder ohne weiteres versteht: Kreuz, Herz, rote und weiße Rose, Krone, Ei und Schlange ...
Solche Symbole haben jedoch heute viel von ihrem Glanz eingebüßt. Sei es, dass die Kenntnis über ihre ursprüngliche Bedeutung verloren gegangen ist, sei es, dass sie sich nur noch plakativ im Musterkatalog der Dekorationstrends wiederfinden.
Es ist das Verdienst Franz-Josef Weins, Sinnbilder neu zu beleben und sich vor allem auch jener Symbole anzunehmen, die in Beziehung zur Blumenkunst stehen. Er hat in diesem Werk Bilder entworfen, die über das optisch Gegebene hinausgehen und somit für den Betrachter eine höhere Ebene einnehmen. Diese Zuwendung zu den Sinnbildern verbindet Franz-Josef Wein mit einem ästhetischen Anspruch, der die Symbole in einen gestalterischen Kontext stellt.
Sie sind lebendig durch die Beziehung zur Umgebung, durch die Art, wie sie interpretiert und in Verbindung zu den Blumen und Pflanzen gestellt werden, die in vielen Bildern ja auch ein Teil der Symbolik sind.

Augenmenschen wie wir erfreuen uns an Symbolen. Diese sehr alten und auch jüngeren Begleiter der Zeiten und Menschen bekommen bei Franz-Josef Wein etwas von ihrer Ursprünglichkeit zurück ohne Kopien zu sein. Sie vermitteln eine gelungene Beziehung zwischen Form, Interpretation und Hintergrund: Andersartig und schön und dennoch wie alte Bekannte.

Ursula Wegener

Symbole

Symbole

Was sind Symbole? Was bedeuten uns Symbole? Wie erreichen sie uns und was bewirken sie bei uns? Das alles sind Fragen, die in vergangenen Zeiten eine außerordentlich wichtige Rolle spielten. Symbole sind seit Beginn der Menschheit immer von Bedeutung gewesen. Den Menschen waren Zeichen wichtig, Sinnbilder waren ihnen geläufig und auch verständlich, denn Symbole erreichen unabhängig von der Sprache jeden, der sie kennt. Symbole sind Erkennungszeichen, was auch ihre eigentliche sprachliche Bedeutung im Griechischen (symbolon: Kennzeichen) vermittelt.

Der Inhalt dieser Zeichen kann religiöser, philosophischer oder geistiger Natur sein, aber auch die Naturwissenschaften arbeiten mit Symbolen, wie beispielsweise den Zeichen für bestimmte Eigenschaften einer Pflanzenart in der Botanik. Man sieht also, Symbole sind keineswegs verstaubt und heute unbrauchbar, wenn sie auch viele Jahrhunderte in den Bereich des Okkulten und des Magischen gerückt wurden. Man sah sie häufig als Geheimsprache an, die nur Eingeweihte verstanden oder gar gegen andere Menschen einsetzen konnten.

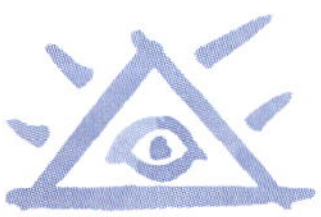

Religionen griffen diese Symbole aber ebenfalls auf. Religiöse Sinnbilder wurden von den Menschen mit aller Ehrfurcht behandelt. Da Gott nicht dargestellt werden darf, bediente man sich stattdessen bestimmter Symbole wie der Hand oder des Auges. Auch als Kennzeichnung durch Gott gab es diese Zeichen in der Vorstellung der Menschen: Eines der ältesten bekannten Zeichen in der Bibel ist das Kainsmal, mit dem Gott Kain vor der Blutrache schützte, nachdem er seinen Bruder Abel ermordet hatte.

Leider wurden solche Sinnbilder auch immer wieder missbraucht um Menschen oder ganze Personengruppen zu markieren. Das Geburtssymbol Jesu ist der Stern, und zwar der Stern Davids, denn diesem Stamm wurde Jesus geboren, wie es in den alten Verheißungen immer geweissagt worden war. Diesen Stern sahen die Weisen aus dem

Morgenland über dem Geburtsort Bethlehem und folgten ihm. Wie schrecklich, dass genau dasselbe Zeichen in der jüngsten Geschichte bei der Judenverfolgung in Nazideutschland verwendet wurde. Dies macht deutlich, wie sich je nach Betrachtungsweise die Bedeutung eines Symbols vollkommen verändern kann.

Ein elementares christliches Symbol ist das Kreuz. Unter diesem Zeichen wurde sicherlich sehr viel Positives bewirkt, aber bei Kreuzzügen, Inquisition und Missionierung unter Einsatz von Gewalt missbrauchte man wiederum ein christliches Symbol. Wenn zwei christliche Länder Krieg gegeneinander führten, nahmen häufig beide für sich in Anspruch unter dem Segen des Kreuzes zu kämpfen.

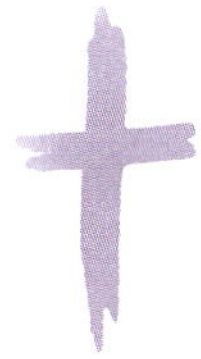

Viele Sinnbilder haben für uns heute eher eine weltliche als eine religiöse Bedeutung, dazu gehört beispielsweise das Herz. Es gilt in vielen Kulturen seit Jahrtausenden als das Symbol für Liebe und Zuneigung. Es ist damit ein universelles Zeichen und wird von den unterschiedlichsten Altersgruppen in gleichem Maße verstanden. Das Herz hat interessanterweise meines Wissens nie eine negative Interpretation erhalten. Es galt immer schon als innerster Ort des Menschen, seine Lebensquelle. Alles, was für den Menschen eine große Bedeutung hat, rührt sein Herz, sei es nun Freude oder Schmerz.

Wie ich schon angedeutet habe, sind manche Symbole von uralter Bedeutung. Ein Beispiel sind die Sonnenzeichen, die stets als Zeichen von Kraft, Unendlichkeit und Herrschaft gesehen wurden. Diese Sonnensymbole verbinden den Menschen mit dem Himmel und damit mit dem Göttlichen. Interessant ist, dass man diese Inhalte auch auf das Edelmetall Gold übertrug; in ihm sah man die Farbe der Sonne. Für die Ägypter war Gold sogar die Hautfarbe ihrer Götter. Die meisten Herrschersymbole wurden deshalb in Gold gefertigt: Eine Krone ist ein goldenes Strahlensymbol und stellt den Herrscher in unmittelbare Verbindung zum Himmel. Das gesamte Gottesgnadentum baut darauf auf. Es können sich also zwei ähnlich geartete Dinge in einem einzigen Sinnbild miteinander vereinen, wodurch ihre Bedeutung noch verstärkt wird. Deutlich zeigt sich hier, dass zwei vollkommen unterschiedliche Dinge eine ähnliche oder manchmal sogar gleiche Aussage haben können, die anfänglich gar nicht sofort verständlich ist.

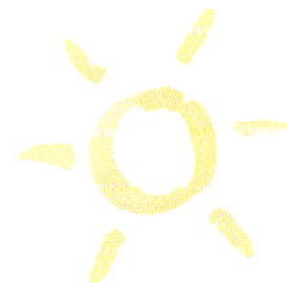

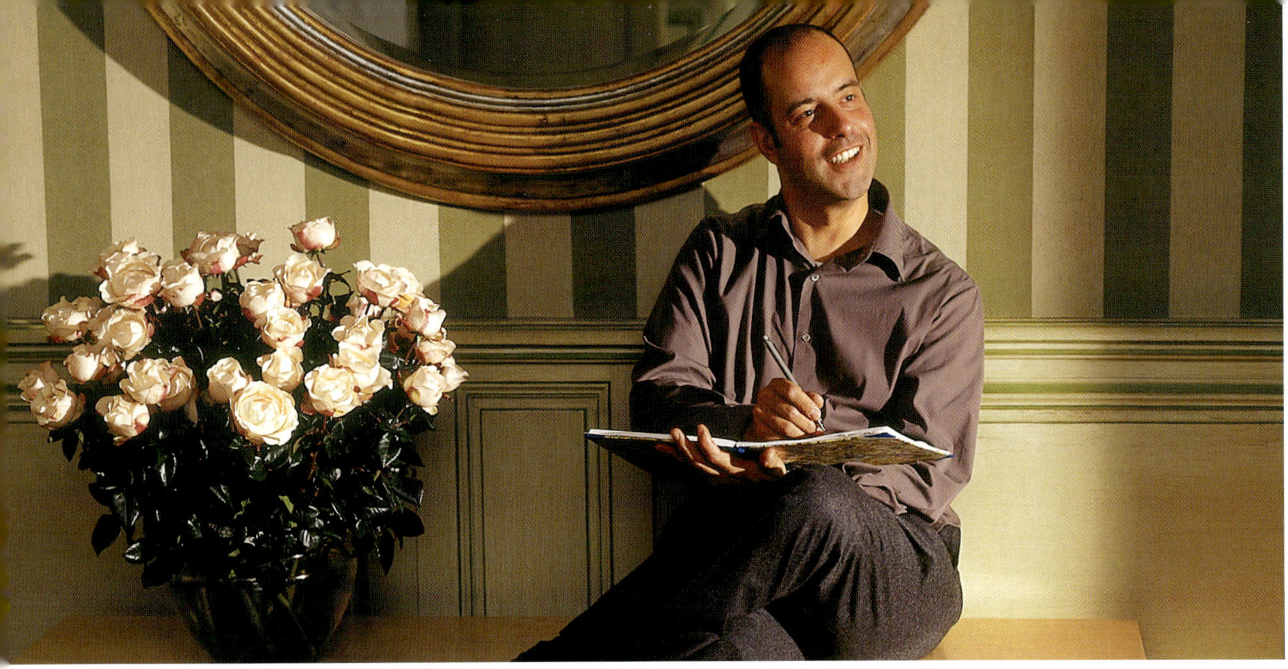

Diese Aufzählung ließe sich endlos fortführen. Sie soll nur stellvertretend einige Beispiele aufführen, um unsere Verbindung zu Zeichen, Sinnbildern oder Symbolen verständlicher zu machen.

Blumen spielen von jeher eine ganz besondere Rolle in der Symbolsprache, sie sind daraus eigentlich gar nicht wegzudenken. Manche Bedeutungen haben sich dabei bis in unsere heutige Zeit gehalten, wenn sie auch von immer weniger Menschen verstanden werden. Genau hier setzt meine Idee zu diesem Buch an: Ich möchte die Sprache der Blumen wieder in Erinnerung bringen und aktivieren.
Das Gestalten mit Blumen ist eine mitteilende Tätigkeit und erfüllt sich oft erst in dem Verständnis, das der Betrachter dafür aufbringen kann. Blumengestaltungen können Geschichten erzählen und dadurch das Leben bereichern. Je nach gewählter Blume oder Blatt, je nach bevorzugter Farbe oder Art der Darstellung können ganze Welten aufgebaut werden, die sich mitteilen möchten. Dieser Kosmos an Informationen und Erzählungen birgt immer neue Überraschungen für den, der sich darauf einlässt. Mein Buch soll eine Einladung in dieses Reich der feinen Stimmungen, der versteckten Mitteilungen und der zarten Gefühlsäußerungen sein.

In fast allen Bildern habe ich die Gemäldeform des Stilllebens aufgegriffen um die Symbole darzustellen. Die Hauptaufgabe von Stillleben besteht darin Geschichten zu erzählen, womit sie natürlich sehr gut geeignet sind eine Verbindung mit Symbolen einzugehen.
Stillleben sind auf zwei sehr unterschiedlichen Wahrnehmungsebenen zu betrachten. Eine Ebene liegt in der rein ästhetischen Einschätzung, bei der man den optischen Wert des Bildes beurteilt. Dabei spielt die Gestalt eine wichtige Rolle oder wie die Dinge und Gegenstände, die zueinander in Beziehung treten, angeordnet sind. Die Farbkomposition und die Gesetzmäßigkeiten der Gestaltung sind ebenfalls Aspekte die es zu berücksichtigen gilt. Ein Betrachter kann also ein Stillleben rein optisch empfinden und sich darüber eine Meinung bilden, die sowohl subjektiv als auch objektiv sein kann.
Alle diese Aspekte beinhalten jedoch nicht die zweite Ebene, die in ganz anderen Bereichen des Dargestellten liegt. Dieser fast bedeutungsvollere Aspekt des Stilllebens liegt in seiner Aussagekraft für den Betrachter, in der Geschichte, die ein solches Werk erzählen kann. In einem wirklichen Stillleben ist nichts zufällig anwesend, wenn es auch noch so willkürlich oder manchmal sogar unsinnig erscheinen mag. Es ist aber häufig nur der erste Blick, der verwirrt oder irritiert. Genau das wollen viele Stillleben, gerade das macht sie so spannend. Häufig erklärt ein einziges Element der gesamten Gestaltung die Anwesenheit aller anderen Dinge. Man braucht also einen Schlüssel um zum Kern der Aussage zu gelangen. Dieser Schlüssel kann eine Farbe sein, eine bestimmte Blumenart oder eine besondere Position im gesamten Erscheinungsbild
Ein Blütenblatt, das abgezupft am Rande platziert ist, kann eine ganze Geschichte erzählen und macht die anderen Dinge ganz plötzlich verständlich.

Betrachten wir einmal als Beispiel die Rose. Eine Rose kann so viele Gesichter haben: Sie kann einmal als wunderbare Blüte mit einer herrlichen Farbe und einem betörenden Duft wahrgenommen werden, und man freut sich ganz einfach an ihr. Es kann aber auch sein, dass ihre Bedeutung als Blume der Aphrodite oder der Venus viel wichtiger und bedeutungsvoller ist: Dann bewegen wir uns im Bereich des Stilllebens.
Eine rote Rose mit Dornen ist wegen der Kombination der Farbe Rot und der Dornen

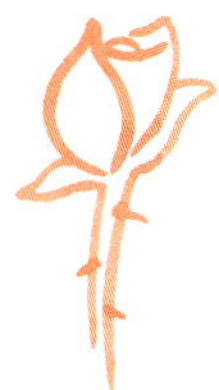

ein außergewöhnliches Symbol, denn eine solche Rose spricht von leidenschaftlicher Liebe, einer Liebe also, die Leid schafft oder schaffen wird. Es handelt sich um eines der ausdrucksstärksten Symbole, die es im Bereich der Blumen überhaupt gibt. Ich bin der Meinung, dass man sicherlich mehr rote Rosen mit Dornen verwenden würde als es im Augenblick üblich ist, wenn den Menschen diese Ausdruckskraft bekannter oder bewusster wäre.

Mit der Zeit haben sich häufig die Bedeutungen der Symbole geändert. So dachte man in der Antike beim Anblick einer roten Rose an die Venus, was noch im frühen Mittelalter als ketzerischer Gedanke sehr gefährlich war. Im Gegensatz dazu erhielt die Rose ganz besonders in der Gotik eine tiefe christlich-religiöse Bedeutung. Sie stand in unmittelbarer Verbindung zu Maria, der Mutter Gottes, und hier waren natürlich Verbindungen zu den antiken Liebesgöttinnen auf keinen Fall erwünscht.

Die Kirche interpretierte die alten Symbole neu und münzte sie auf sich um. Anfänglich lehnte sie sogar jeden Blumensymbolismus als heidnisch ab. Man merkte jedoch, dass diese Zeichen für die Menschen von großer Bedeutung waren. Es erschien daher sinnvoll, sie für die eigenen Zwecke zu nutzen. Aus diesem Grund wurde die Blumensprache in der Gotik, nach den Wirren der Völkerwanderung und der mystischen Romanik, wieder reicher und immer bedeutungsvoller, wenn auch ihrer alten Inhalte beraubt. Durch die Renaissance und die Beschäftigung mit der Antike erhielt die Blumensymbolik wieder ihre ursprüngliche Bedeutung. So pusten die Windgötter in Botticellis „Geburt der Venus“ nicht nur die Venus an Land, sondern mit ihr auch Rosen und Rosenblütenblätter, die der antiken Sage nach bei der Geburt der Venus entstanden sind.

Im 20. Jahrhundert änderte sich das Verhältnis zu Symbolen ganz generell. Sie wurden zum Teil von der zeitgenössischen Kunst strikt abgelehnt. In einem immer stärker technisierten Zeitalter haben Sinnbilder scheinbar keine besondere Berechtigung mehr. Die westliche Welt entwickelt sich in einem Maße, der vielen Dingen ihre Daseinsberechtigung nimmt. Raubbau an der Natur, gedankenloser Umgang mit dem Leben und Konsum prägen einen Großteil unseres Menschseins. Natürlich darf sich eine Gesellschaft nicht nur an der Vergangenheit orientieren, denn damit würde sie sich nicht weiterentwickeln. Man sollte nicht um jeden Preis Altes konservieren und bewahren um damit Entwicklungen zu hemmen, aber mancher Fortschritt kann den Menschen auch überrollen. Die Wucht dieser Strömungen kann so stark sein, dass sie entwurzelt und damit den Lebensfluss unterbricht.

Ein heute 500 Jahre alter Baum streckte seine ersten Triebe aus, als sich in Europa der Barock langsam entwickelte und Amerika wiederentdeckt war. Er wuchs weiter, und ein wenig des Holzes von vor 500 Jahren ist tatsächlich in seinem alten Stamm noch vorhanden. Trotzdem bringt er immer neue Triebe und Blätter hervor, die ganz eindeutig in unsere heutige Zeit gehören. Würde man nun den Stamm ablehnen, nur weil er alt ist? Ganz sicher nicht, denn wenn man diesen Baum kappt, dann sterben als erstes die ganz jungen Triebe, die auf den alten Stamm und die Wurzeln des Baumes angewiesen sind. Mit der Vergangenheit sollte man sehr sorgfältig umgehen und sie sehr genau betrachten, denn aus ihr entsteht die Gegenwart und entwickelt sich die Zukunft.

Es ist mein besonderes Anliegen in diesem Buch zu zeigen, dass Symbole ihre Bedeutung häufig vor längst vergangenen Zeiten erhalten haben, sie aber deswegen nicht abzulehnen sind. Wenn sie auch heute häufig keine Anwendung mehr finden, so sind sie doch in ihrer Aussage nicht antiquiert. Meine Bilder sollen das Verständnis für Symbole wieder wachrufen und fördern, damit diese Sprache nicht zu einer toten Sprache wird. Mein Buch soll Freude wecken und verzaubern zugleich

Franz-Josef Wein

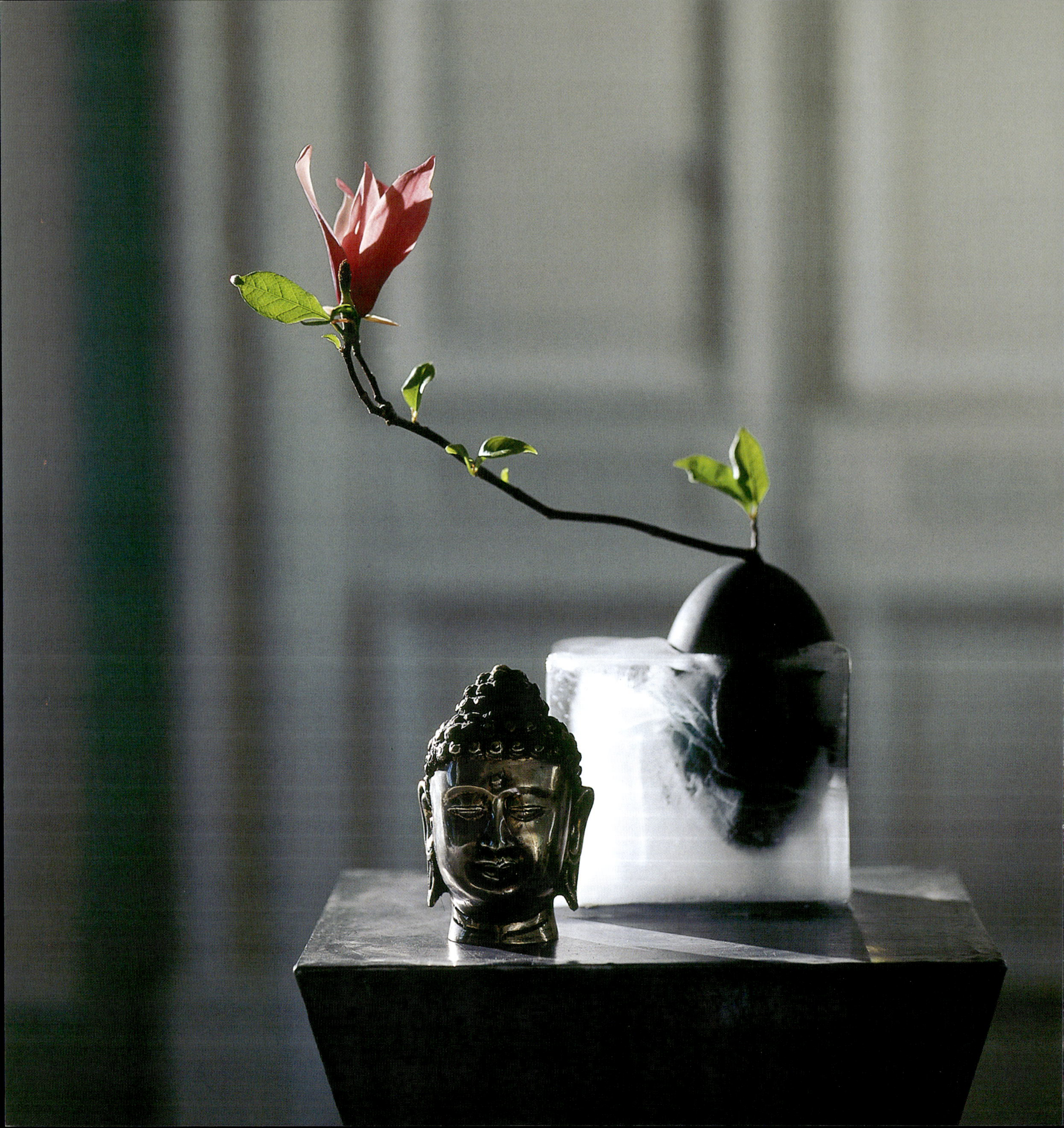

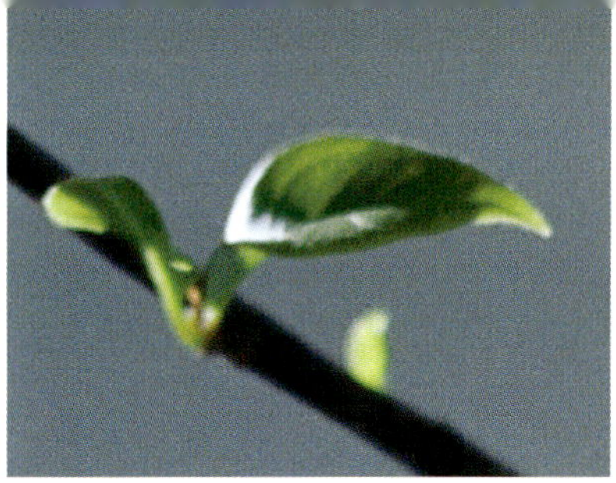

GEBURT

Befreit von Frost und Eis

Der 1. Januar ist zwar nach dem Kalender Neujahr, aber gedanklich und emotional fängt für uns ein neues Jahr mit dem Erwachen der Natur an. Der Winter gehört für uns noch zum Vergangenen, zum Endpunkt eines Zyklus. Erst wenn das Eis bricht und das neue Leben sich wieder bemerkbar macht, ist das Alte abgeschlossen und das Neue beginnt. Dieses Gefühl von Keimen, Erwachen und Erblühen steht für uns in direkter Verbindung zur Geburt.

Die Darstellung zeigt die Geburt eines neuen Wachstumszyklus. Das Ei und der erblühende Magnolienzweig sind deutliche Geburtssymbole. Jede Geburt ist aber auch mit Gefahren verbunden und kann durch äußere Einflüsse gefährdet werden: Der Frost beispielsweise ist der größte Feind der ersten zarten Blüten und kann das junge Leben immer wieder bedrohen. Der extreme Kontrast der zwei zusammentreffenden Jahreszeiten Winter und Frühling wird in diesem Bild bewusst.

Menschen vieler Kulturkreise erfahren jedes Jahr den starken Einfluss der Jahreszeiten. Bei dieser Darstellung habe ich deshalb die Verbindung zwischen der östlichen und der westlichen Kultur zum Thema gemacht.

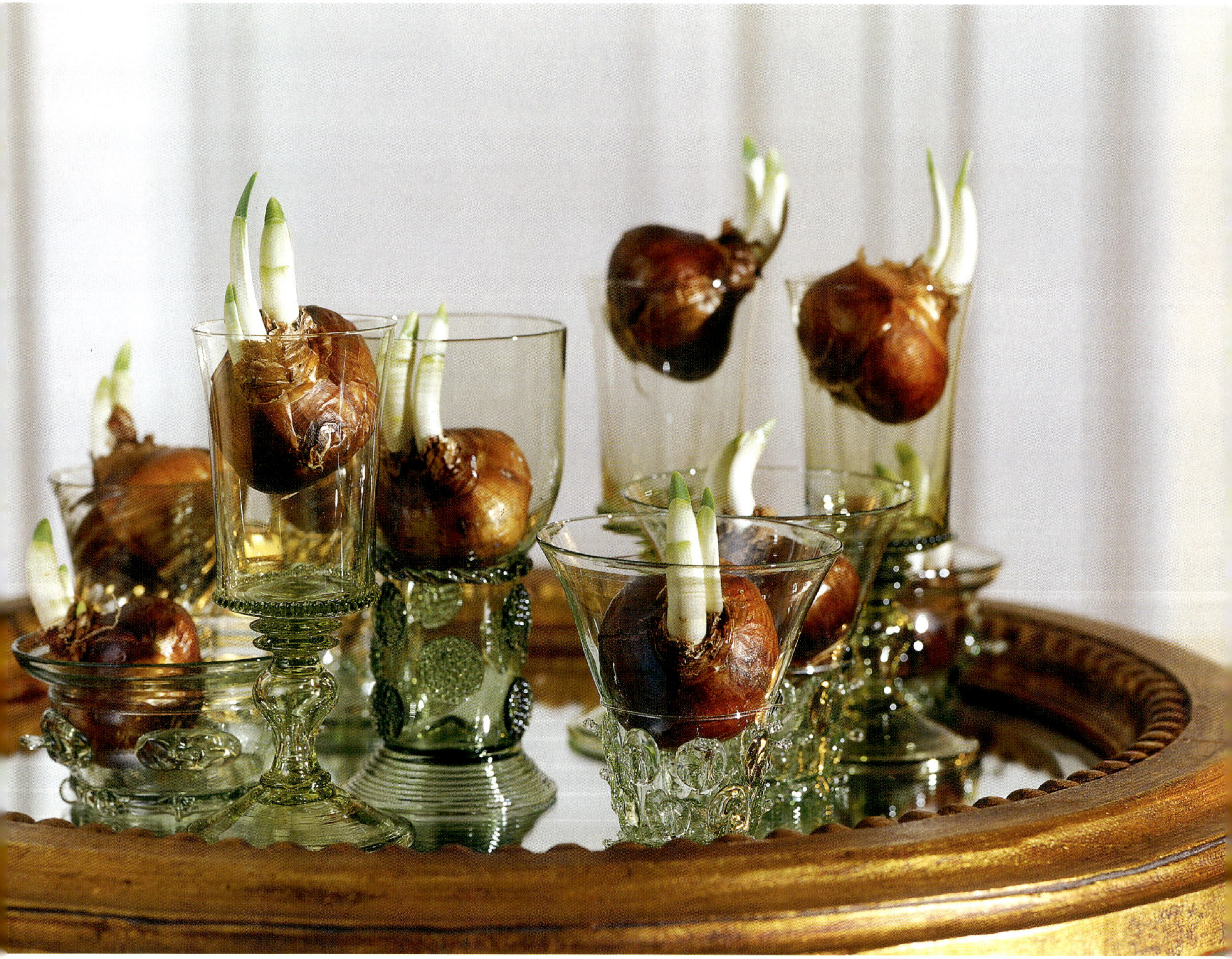

GEBURT

Keimende Zwiebeln

Zwiebeln, die keimen, zeigen den Neubeginn eines Lebens, das dem Wachsen, dem Blühen, dem Fruchten und dem Sterben entgegengeht. Genährt wird dieses neue Leben von der Zwiebel, sie kann als die Mutter des wachsenden Keims angesehen werden. Geburt ist untrennbar mit Mutter und Kind verbunden.
Das Kostbare am Moment einer Geburt wird durch die wertvollen Gläser und den goldenen Rahmen besonders betont. Jede Zwiebel wird ein Individuum hervorbringen, denn obwohl sie sich alle ähneln, gleicht keine der anderen. Genau wie in jedem Leben steckt im Akt der Geburt etwas Einmaliges, nie mehr Wiederholbares.

Das Weltenei

Die Vorstellung von der Schöpfung der Welt lehnt sich bei vielen antiken Kulturen des Orients an den Glauben, die Welt sei aus einem Ei entstanden. Das Ei war immer schon das Sinnbild für Geburt und in manchen Kulturen eben auch für die Geburt der Welt. Diesem Glauben zufolge teilte der Schöpfer ein riesiges Ei. Die obere Hälfte wurde zum Himmelsgewölbe mit den Sternen, dem Mond und der Sonne. Die untere Hälfte wurde zur Erde. Dabei entstanden aus dem Eiweiß Flüsse und Meere und aus dem Eigelb festes Land, auf dem die Pflanzen als erste Lebewesen wuchsen.

In dieser stilisierten Darstellung des Schöpfungsaktes ist das Ei gerade im Begriff sich zu teilen. Aus der unteren Hälfte sprießen bereits die ersten Pflanzen. Das ganze Ei ist grün, die Farbe des Wachsens und Gedeihens der pflanzlichen Natur. Die obere Eihälfte ist in schimmerndes Licht getaucht, während die untere Hälfte dunkler ist. Licht und Dunkelheit stehen hier für Himmel und Erde.
Die Pflanzen sind das erste Leben, das die Erde hervorbringt, und sie sind die Grundlage vieler anderer Lebensformen. Die Bedeutung der Pflanzen sollte sich der Mensch in seiner Verantwortung für die Natur immer wieder bewusst machen.

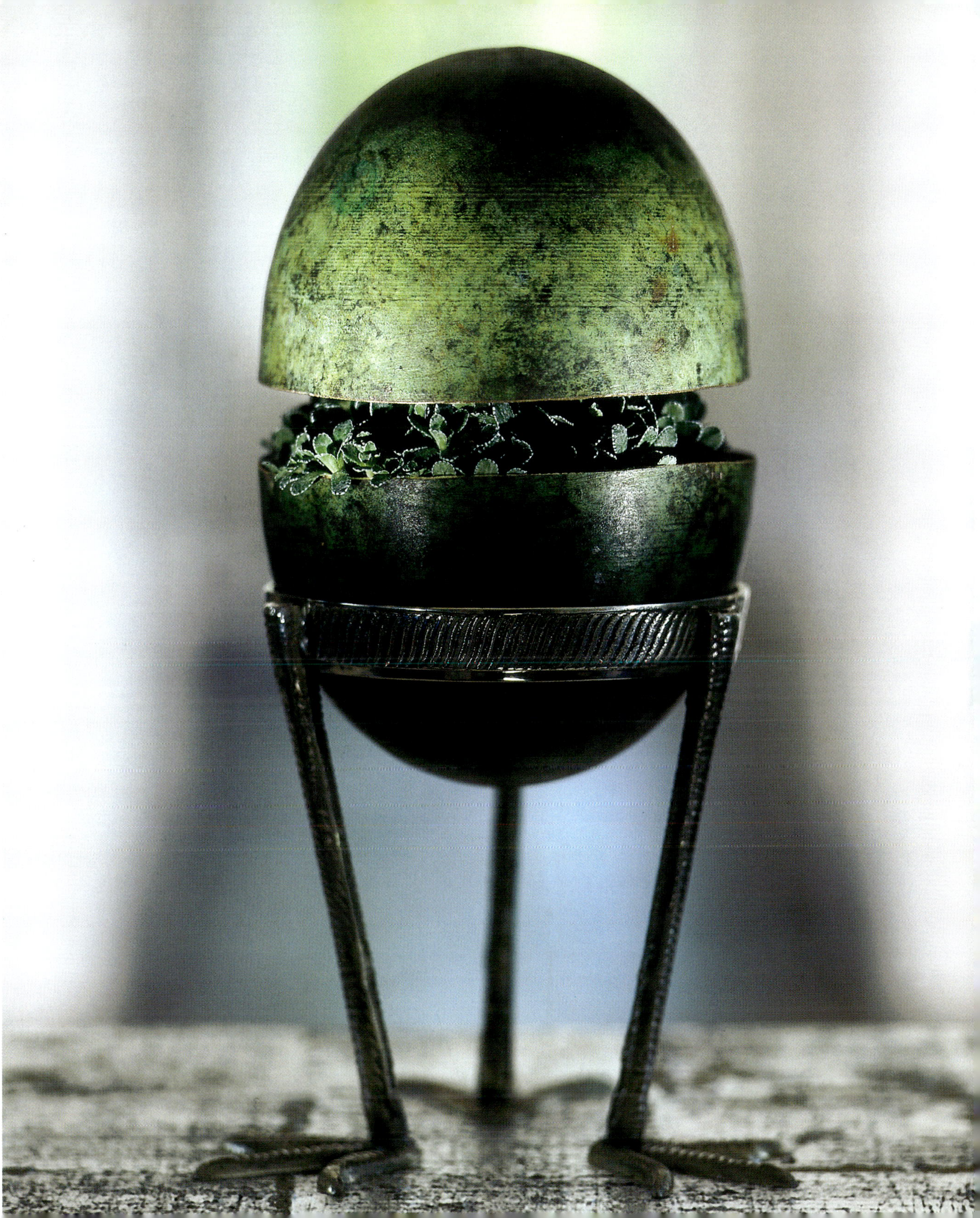

DAS EI

Die Fruchtbarkeit

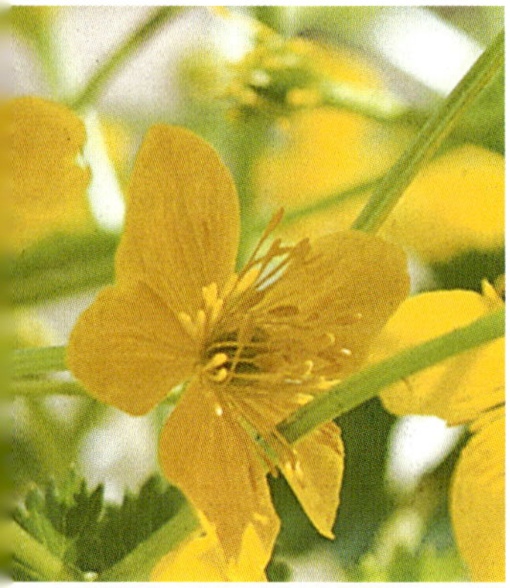

Von alters her ist das Ei ein Symbol für Fruchtbarkeit. Tatsächlich dienen Eidotter und Eiweiß der Erhaltung und Schaffung von Leben, die Hülle in ihrer besonderen Form schützt dabei das kostbare Innere. Jedes Teil des Eies hat seine besondere Aufgabe. Das soll hier verdeutlicht werden, indem alle Bestandteile gezeigt werden, die geöffnete Schale und das Innere. Die Sumpfdotterblumen in den geöffneten Eierschalen versinnbildlichen die Fruchtbarkeit des Eies.
Das Ei hatte immer schon die allergrößte Bedeutung für die Ernährung des Menschen. Der Karton mit den Eierschalen und den Sumpfdotterblumen ist eine fröhliche und lustige Form einen Tisch zu schmücken, bei dem Eierspeisen im Mittelpunkt des Essens stehen.

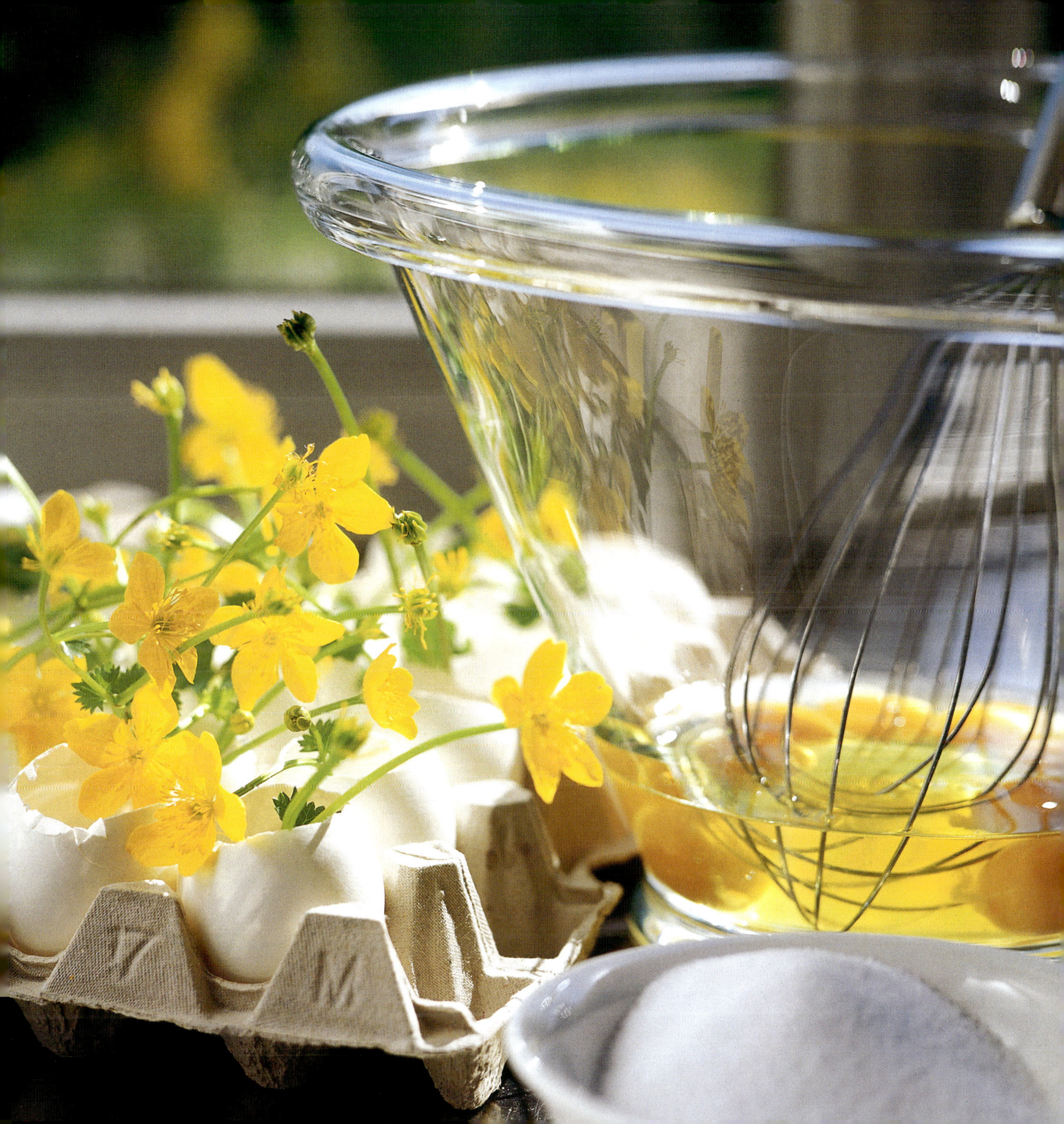
M

DAS EI

Zerbrechliches umhüllt Kostbares

Ein Ei nimmt etwas Kostbares, Lebendiges in sich auf. Hier nehmen viele Eier gemeinsam etwas auf, indem sie zu einem Gefäß zusammengefügt wurden. Der hineingelegte Ingwer und die Physalisfrucht werden durch die Zerbrechlichkeit des Gefäßes zu etwas absolut Kostbarem. Man wagt kaum das Gefäß zu berühren, und diese Ehrfurcht überträgt sich auch auf den Inhalt der zarten Schale. Der Respekt vor dem Äußeren überträgt sich also auf das Innere.

Die Eierschale ist das Sinnbild für etwas Zerbrechliches, das vorsichtig behandelt werden soll. Die empfundene Achtung überträgt sich in diesem Bild auf Pflanzenteile, die der Ernährung des Menschen dienen. Die moderne westliche Gesellschaft achtet Nahrungsmittel oft viel zu gering, da sie uns im Überfluss zur Verfügung stehen. Stellvertretend für alle Lebensmittel wurden hier ein Rhizom und eine Frucht verwendet.

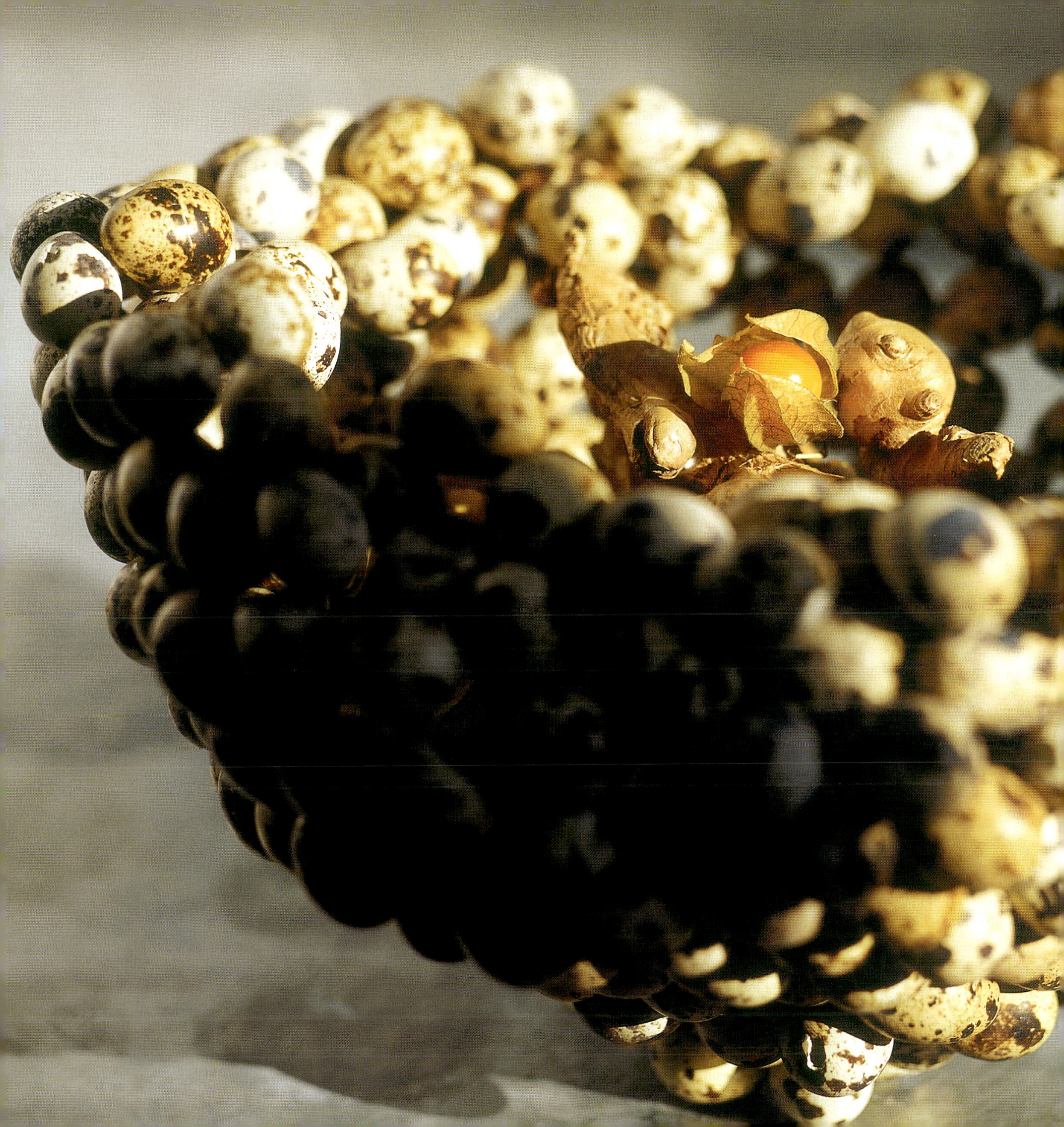

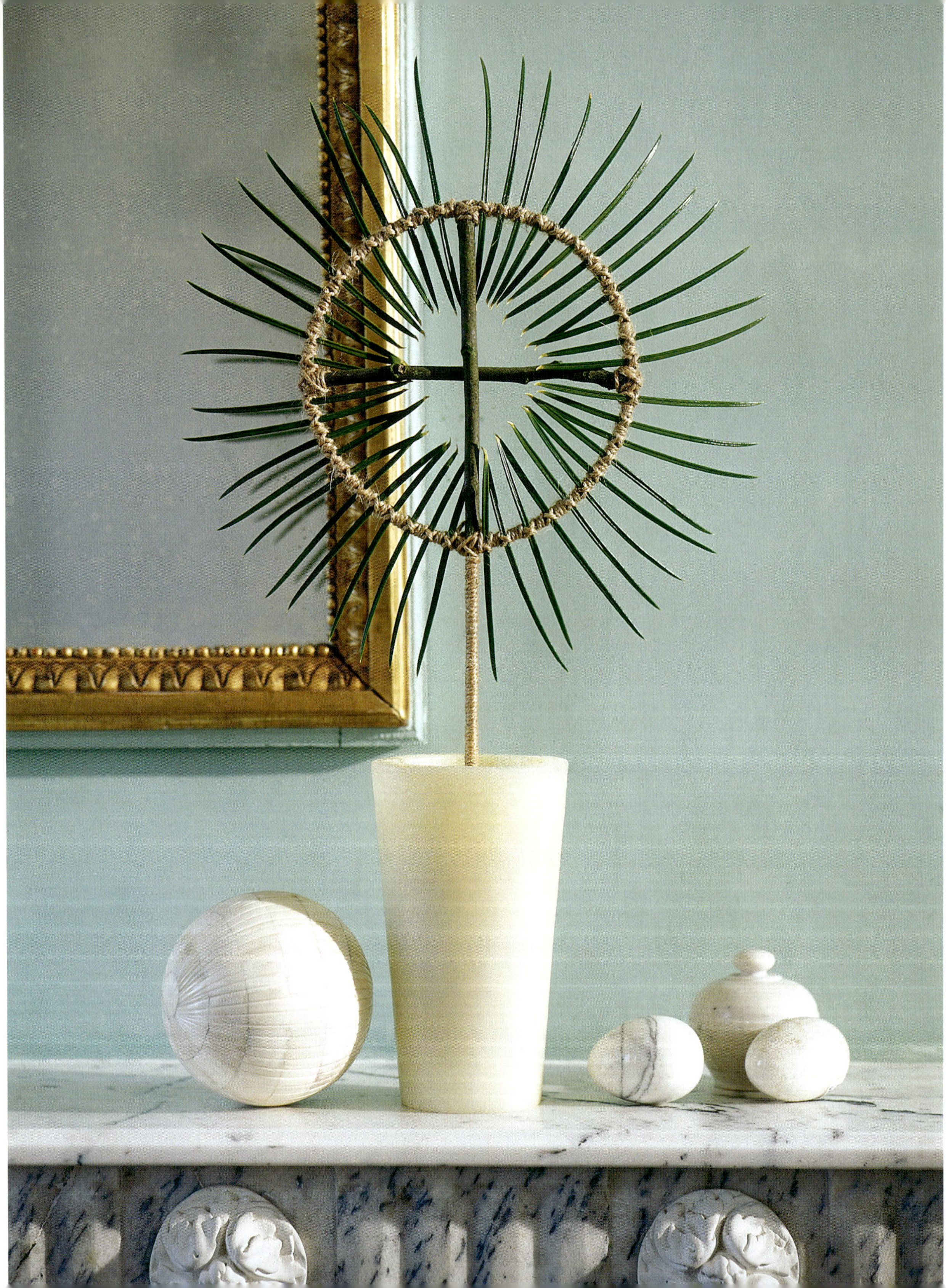

Heil dem König der Juden

Als am folgenden Tag das zahlreich zum Fest gekommene Volk vernahm, Jesus komme nach Jerusalem, nahmen sie Palmzweige, zogen ihm entgegen und riefen: „Hosanna! Gepriesen sei der da kommt im Namen des Herrn, und der König von Israel!" (Johannes 12, 12-13)

Palmsonntag war der einzige Tag im Leben Jesu, an dem er als König verehrt wurde und man ihm alle Ehren eines Herrschers zukommen ließ. Mit Palmwedeln begrüßte die Bevölkerung Jesus, der auf einem Esel in Jerusalem einritt.
Das Kaminsims mit römischen Ornamenten verkörpert die machthabende römische Welt. Die Hauptaussage geht von dem Kreuz in dem weißen Wachsgefäß aus, das von einem Strahlenkranz aus Palmenblättern umgeben ist. Begleitet wird das Gefäß von einer weißen Knochenkugel, zwei Marmoreiern und einem marmornen Salbgefäß.
Die Palmblätter stehen für die Palmwedel, mit denen Jesus begrüßt wurde. Sie sind zu einem Strahlenkranz geformt. Strahlenkränze gehören zu den ältesten Sonnensymbolen und rühren von der Corona her, die man bei einer vollkommenen Sonnenfinsternis sehen kann. Von dem Wort Corona leitet sich sowohl das Wort Kranz als auch das Wort Krone ab. Der Kranz ist ein Symbol für Gott, Geist und Unendlichkeit, während die Krone zum wichtigsten Attribut eines Herrschers gehört.
Dieser Palmen-Strahlenkranz verkörpert die göttliche Herrschaft Jesu. Der Kranz umgibt ein Kreuz. Damit ist der Karfreitag angesprochen, bei dem mit Gewalt dieser Herrschaft ein Ende bereitet werden sollte. Die weiße Kugel versinnbildlicht den universellen Anspruch, der von dieser göttlich-königlichen Macht ausgeht, und steht für den Reichsapfel, der genauso wie die Krone ein Sinnbild des Königtums ist.
Die Marmoreier sind Symbole für den Frühling und symbolisieren die Jahreszeit dieser Ereignisse. Das Salbgefäß ist ein Hinweis auf die Salbung des toten Körpers nach der Kreuzigung durch die Frauen, die Jesus begleitet haben.

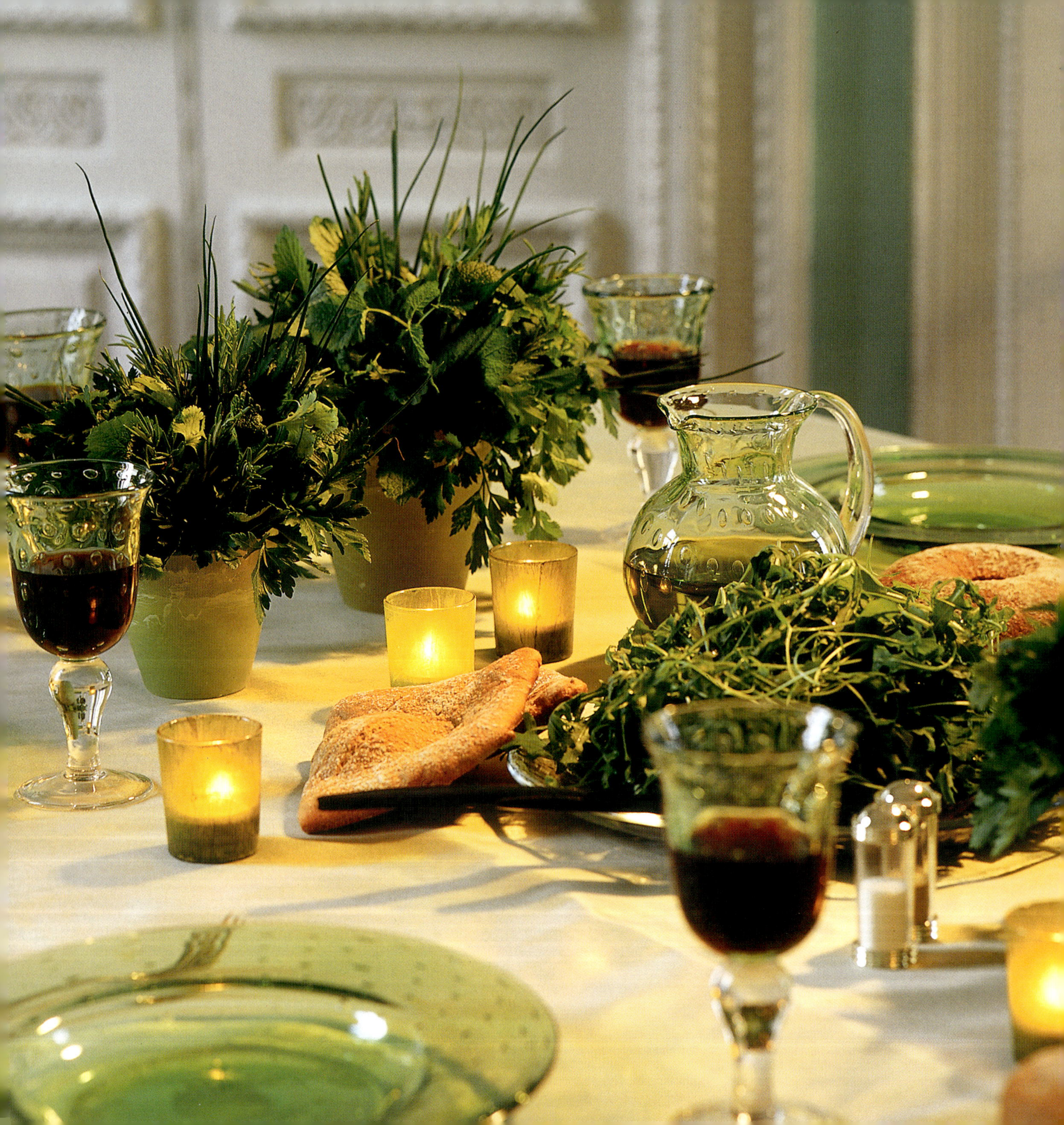

Paschamahl

Am Gründonnerstag wurde der Tisch für ein Abendessen gedeckt, in dessen inhaltlichem Zentrum die Farbe Grün und als Nahrungsmittel Brot und Wein stehen sollen.
Der Gründonnerstag ist der liturgische Tag der Abendmahlfeier, bei der Jesus mit seinen Jüngern Brot und Wein teilte, die zu seinem Leib und Blut wurden.

Der Tisch, das Geschirr und die Gläser sind Grün gehalten, die Farbe der Hoffnung. Grüne Windlichter vermitteln Abendstimmung, das Licht verkörpert außerdem einen positiven Aspekt in der Nacht.

In grünen Wachstöpfen stehen grüne, bittere Kräuter. Sie sind ein wichtiger Bestandteil des Paschamahls, das orthodoxe Juden auch heute noch in Erinnerung an den Auszug aus Ägypten mit ungesäuertem Brot zu sich nehmen.
Bei dieser Einladung werden ausschließlich Salate serviert, die mit Kräutern, Olivenöl, Salz und Pfeffer gewürzt wurden. Dazu wird ungesäuertes Brot und Wein gereicht. Es ist ein einfaches, aber sehr schmackhaftes Essen, das in Verbindung zur Liturgie am Gründonnerstag steht. Gerade die Einfachheit des Mahles wird jedoch dem religiösen Anlass gerecht. Jeder Überfluss wäre hier fehl am Platz. Sogar der „Schmuck“ des Tisches ist ein Teil der Mahlzeit und erfüllt damit einen Sinn.

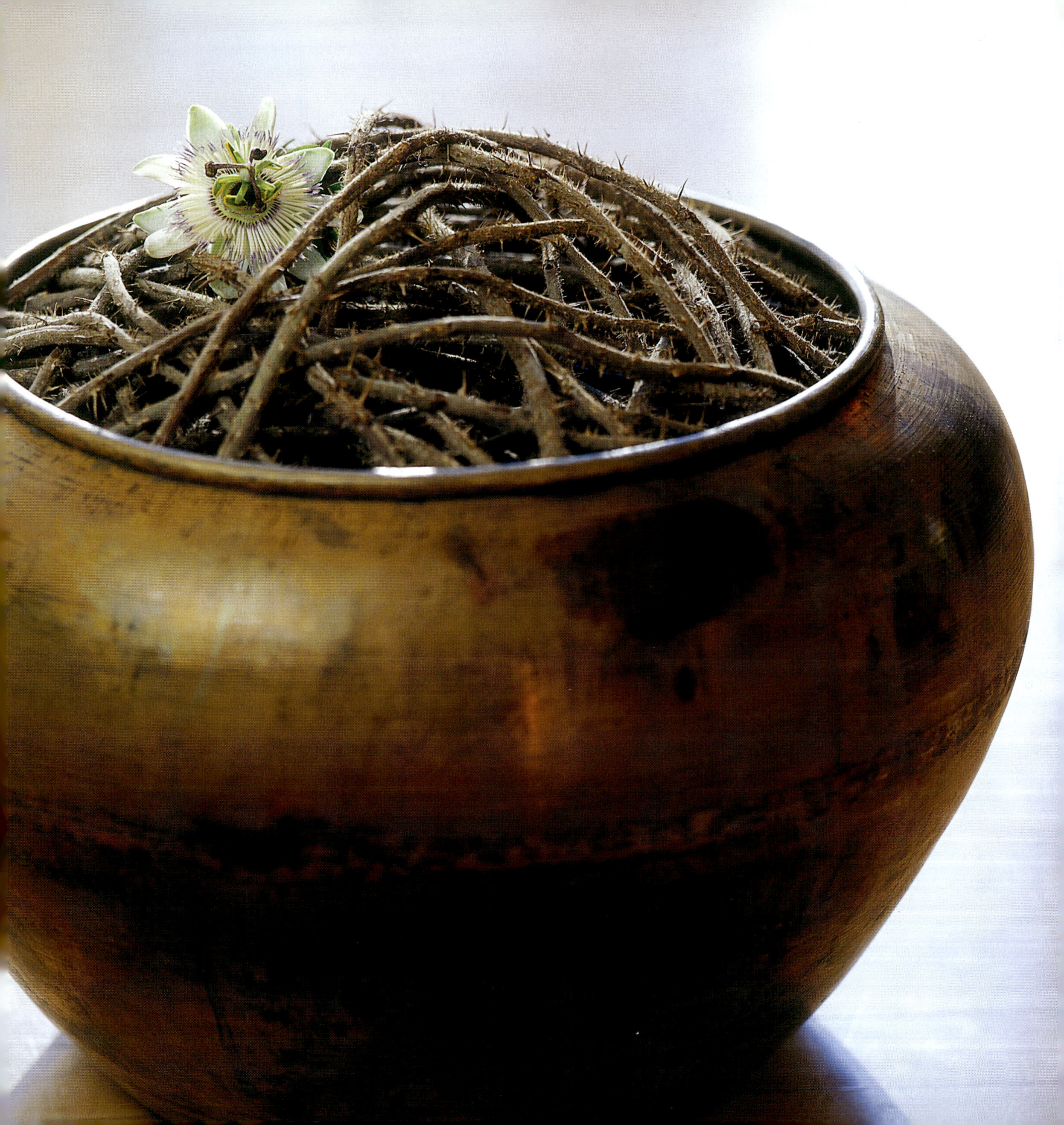

Tag der Passion

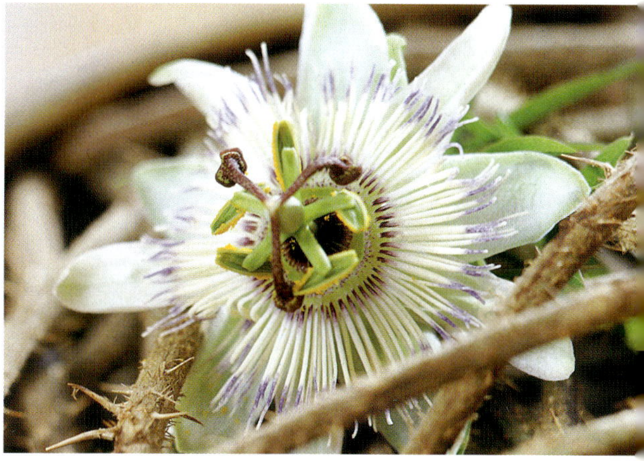

Der Tag der Passion steht für Schmerzen, Leid und Tod. Dornen verkörpern dies in perfekter Art und Weise. Ihre Berührung verursacht Schmerzen und lässt den Lebenssaft Blut fließen. Man denkt an die Dornenkrone, die als Verhöhnung des Königs der Juden gewunden wurde. Dornen dominieren dieses Bild, aber sie sind nicht der wesentliche Aspekt. Viel wichtiger ist die Passionsblume, die in der Pflanzenwelt durch ihre Symbolik einen ganz besonderen Status einnimmt. Der Volksglaube interpretierte die Blütenblätter, den Fruchtknoten und die Staubgefäße als Attribute, die in direktem Zusammenhang mit der Passion Jesu stehen. Daher stammt auch der Name der Pflanze.
Die zehn Blütenblätter verkörpern die alttestamentarischen Zehn Gebote. Deutlich glaubte man in dem violetten Strahlenkranz die Dornenkrone zu erkennen. Der gestielte Fruchtknoten wird als Hammer angesehen, mit dem die Nägel in das Kreuz geschlagen wurden. Die Narben der Blüte wurden als Nägel interpretiert. Die Staubbeutel stehen für die 5 Wundmale Jesu. In den Ranken der Pflanze sah man die Geißel und in den dreilappigen Blättern die Lanze.

Als die Passionsblume nach Europa kam, wurde sie als große Kostbarkeit angesehen. Man glaubte in ihr den Willen Gottes zu erkennen, sich mittels einer Blüte den „heidnischen“ Menschen Südamerikas zu offenbaren um sie so zum wahren Glauben zu führen.

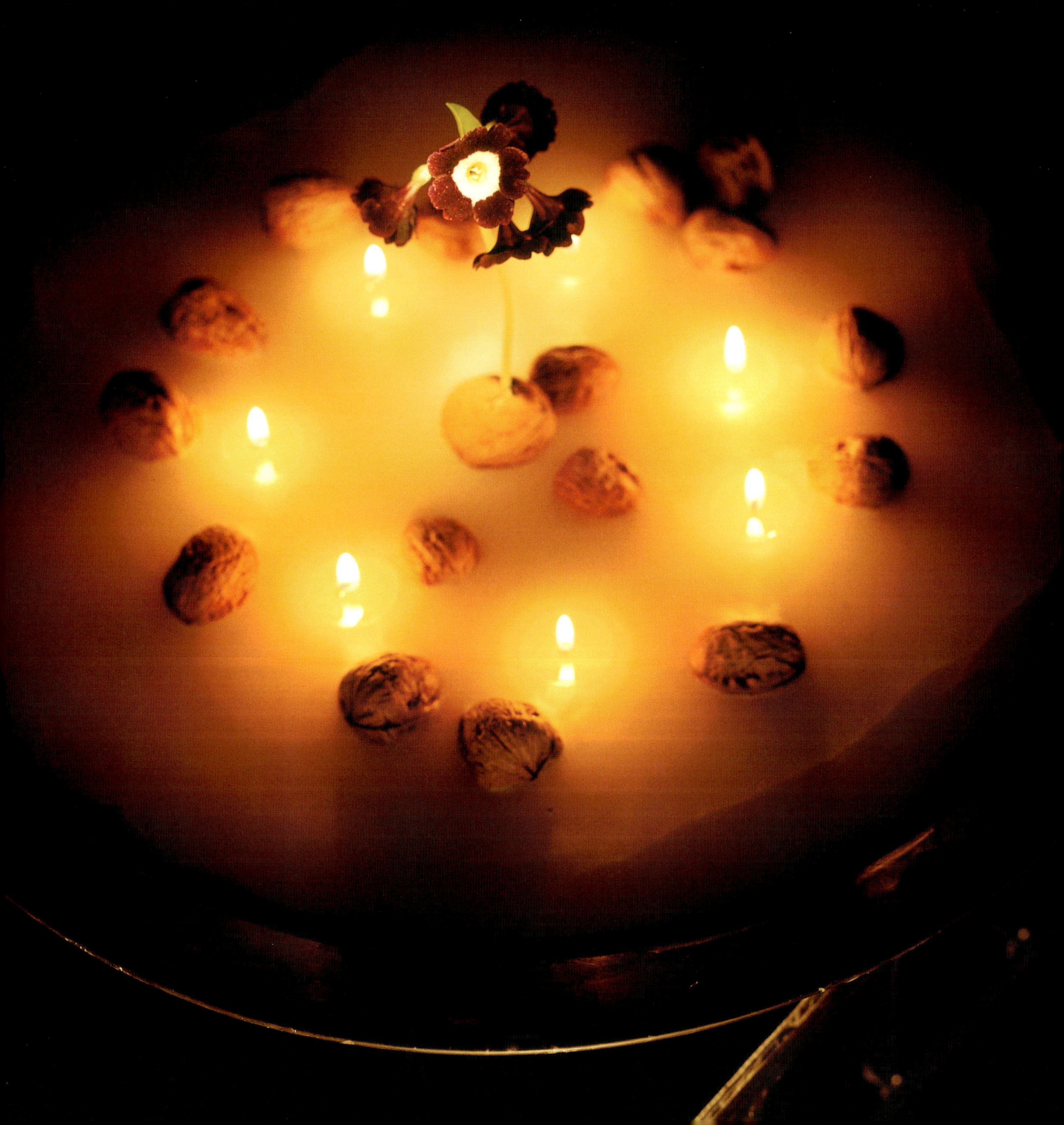

Lumen Christi

Genau wie seine Geburt ist die Auferstehung Jesu von den Toten in der Dunkelheit der Nacht geschehen. Von alters her wird die Auferstehung mit einer brennenden Kerze gefeiert, die am Osterfeuer entzündet wird. Sie ist das „Lumen Christi", das Licht Christi, das sich in der Welt verbreiten soll.
In eine flache Marmorschale wurde Wachs gegossen. In dieses Wachs wurden 7 Dochte und einige Walnüsse mit eingeschmolzen. Aus der mittleren Walnuss „wächst" eine Schlüsselblume.
Marmor steht als Stein für das Grab, in das der tote Körper Jesu gelegt wurde. Hier fiel die Wahl auf eine Marmorschale, die das gesamte Bild in sich aufnimmt.
Nüsse sind ein uraltes Symbol für äußeren Tod, der inneres Leben beinhaltet. Die beiden Nusshälften, die so fest zusammengefügt sind, symbolisieren seit dem Mittelalter die beiden Teile eines Sarges. Damit ist die Schale einer Nuss ein Todessymbol. Alle Nüsse zusammen verkörpern den Tod aller Menschen, denen aber durch die Auferstehung Jesu das ewige Leben verheißen wird.
Die Zahl der 7 Flammen steht für die Vollkommenheit, die Jesus erschafft, indem er durch seine Auferstehung den Himmel mit der Erde versöhnt. Jesus verbindet durch die Überwindung des Todes die himmlische 3 mit der irdischen 4. Die Zahl 7 ist somit die additive Verbindung zwischen Himmel und Erde. Das Strahlen, das von der Zahl 7 ausgeht, verkörpert den Sieg des Lichtes über die Dunkelheit und damit des Lebens über den Tod.
Die Schlüsselblume steht für den Auferstandenen selbst. Sie ist, wie ihr Name schon sagt, das Symbol für die Schlüssel des Himmels. Damit unterstreicht sie die Aussage Jesu „Es kommt keiner zum Vater außer durch mich!"

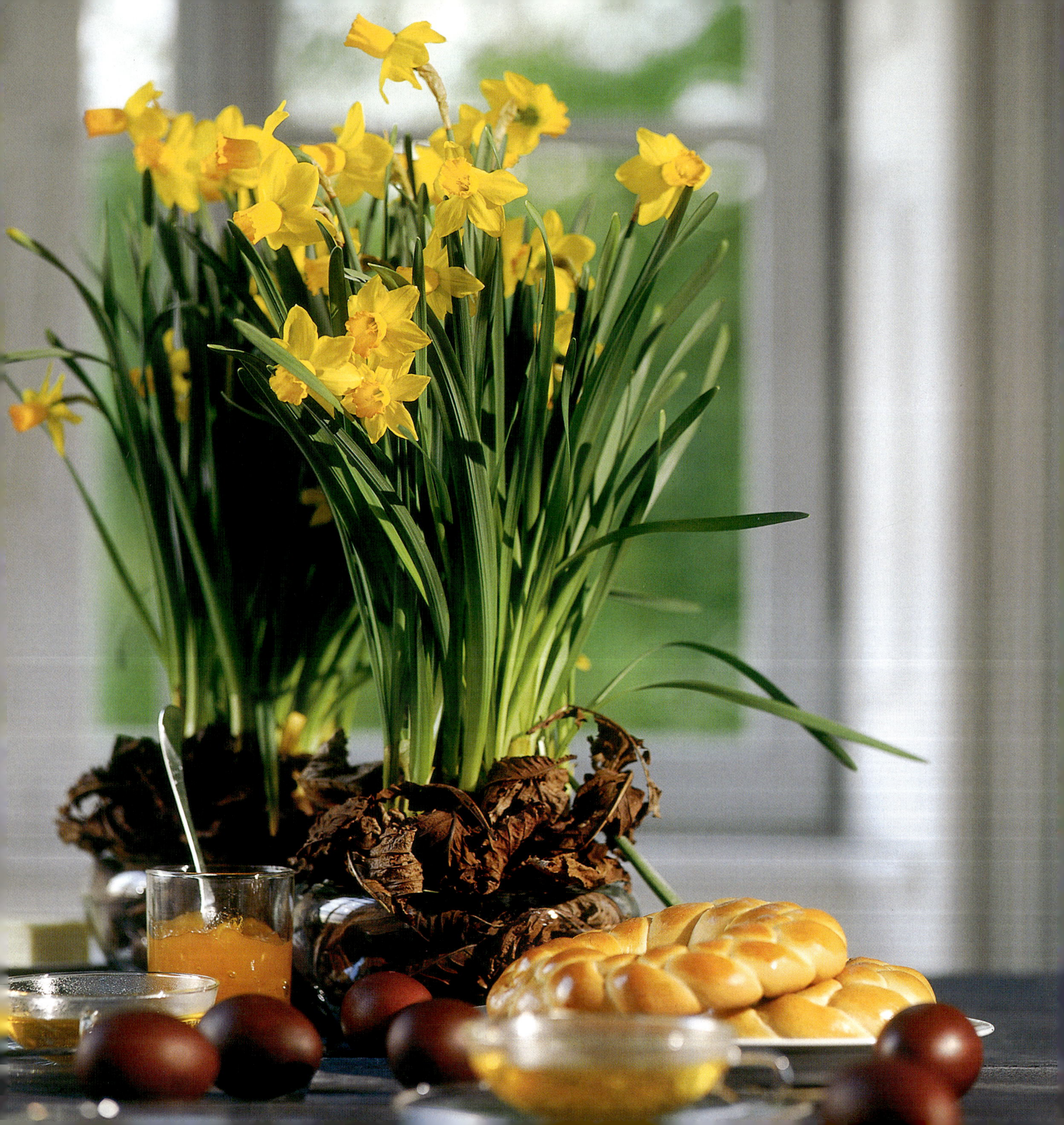

Der Tod ist besiegt

Bis vor wenigen Jahrzehnten war es in den meisten christlichen Familien üblich, in der Osternacht gefärbte Eier und Hefezöpfe mit in die Kirche zu nehmen um sie segnen zu lassen. In manchen Regionen ist dies auch heute noch Brauch.
So wurde aus einem Ei ein Osterei.
Die Farbe unterscheidet demnach ein normales Ei von einem gesegneten Ei. Diese Eier waren oft wichtige Geschenke am Ostermorgen und wurden mit besonderen Segenswünschen überreicht.
Typische Färbemittel waren Zwiebelschalen, Spinat, Rote Beete oder bestimmte Hölzer, aus denen Farbe ausgekocht wurde. Die abgebildeten Eier wurden mit Blauholz gefärbt.
Es war wichtig, dass bei der ersten Mahlzeit nach der Osternacht gesegnete Nahrungsmittel aufgetischt wurden, denn immerhin war es das Ende der Fastenzeit.

Als Blumenschmuck gehören zum Ostermorgen unbedingt Narzissen, die im Volksmund als Osterglocken bezeichnet werden. Osterglocken sind Frühlingsblüher und sagen uns, dass der Winter der warmen Jahreszeit weicht.
Aber warum wählt man an Ostern gerade Osterglocken? Sie verkörpern Kirchenglocken, die ab dem Abendmahl am Gründonnerstag still stehen. Sie läuten das erste Mal wieder an Ostern unmittelbar nach der Auferstehungsfeier und verkünden dadurch der Welt den Sieg des Lebens über den Tod.
Die Zwiebeln der Osterglocken und die Erde in den bepflanzten Glasgefäßen wurden mit totem Laub abgedeckt, um den Kontrast zwischen überwundenem Tod und überschäumendem Leben besonders deutlich zu machen.

Zerbrechlich und vergänglich

Der Samenstand des Löwenzahns wird allgemein als Pusteblume bezeichnet. Es gibt wohl kaum ein Kind, das nicht schon einmal versucht hätte, diese Pusteblume zu pflücken und in die Samen zu pusten um dann voller Begeisterung zuzusehen, wie die zarten Fallschirme wegschwebten. Der Samenstand ist so empfindlich, dass er manchmal schon beim Abzupfen der Stiele verweht. Der Pflückende ist dann ganz enttäuscht. Gerade diese Enttäuschung gibt aber der Pusteblume ihre Bedeutung. Sie zeigt die Vergänglichkeit von etwas Schönem, etwas, auf das man sich freut, aber an das man sich nicht mit seinem ganzen Inneren hängen sollte.

Die Pusteblume verkörpert damit den schönen Moment, den besonderen Augenblick, der aber nicht festzuhalten ist. Sie gehört zu den „Carpe Diem"-Elementen in der Symbolik. Carpe Diem besagt: „Nutze den Tag!" Es heißt also auch: „Hänge dich nicht an den Augenblick, denn der Moment ist unwiederbringlich. Genieße, ohne festhalten zu wollen."

Die Pusteblumen stehen in Glasväschen, die von kleinen Glaskugeln umgeben sind. Auch das Glas gehört zu den Symbolen der zerbrechlichen Vergänglichkeit.

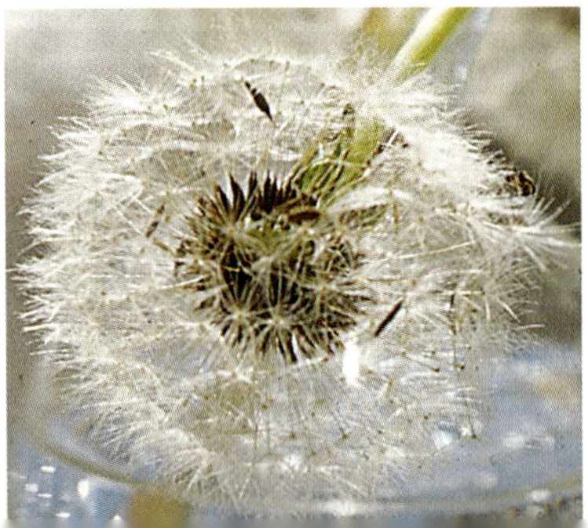

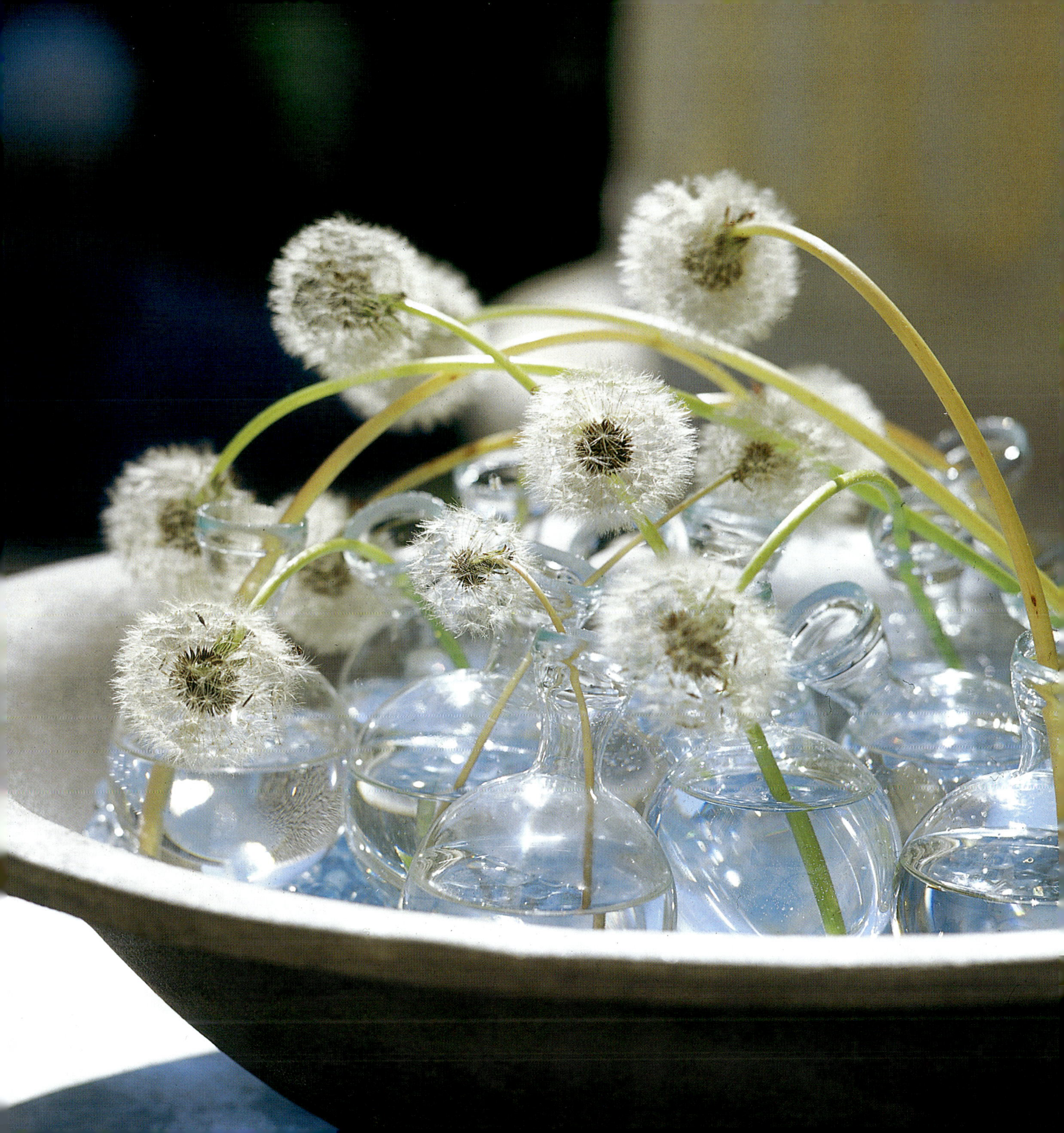

AUGENBLICKE

Vergängliche Momente

Der Duft und der Geschmack von Kräutern ist ihr hervorstechendes Merkmal. Ihr Geruch ist manchmal so intensiv, dass man ihn schon wahrnimmt, bevor man die Kräuter überhaupt sehen kann. Der Wind treibt uns ihren Geruch entgegen, der sofort Gefühle in uns weckt. Gerade Gerüche treffen uns emotional sehr stark, besonders wenn wir mit dem Duft angenehme Erinnerungen verbinden. Geruch liegt in der Luft, ist nicht fassbar und verweht wieder. Duftende Kräuter sind deshalb auch sehr häufig Grundstoffe für Parfums.
Beim Geschmack ist es ähnlich. Er zergeht auf der Zunge und lässt uns für einen Augenblick genießen. Geschmack gehört zu den flüchtigen, aber auch zu den sinnlichen Momenten des Lebens. Gerade Kräuter tragen häufig zum köstlichen Aroma eines Essens bei. Kräuter versinnbildlichen also kurze, wunderbare Momente, die in unserer Erinnerung haften bleiben. Diese Bilder haben die Fähigkeit immer wieder aufzutauchen, wenn wir aufs Neue mit einem bestimmten Geschmack oder Geruch in Berührung kommen.

Die Kräuter dienen hier sowohl dem Schmuck als auch als eine mit der Nase und mit dem Mund wahrnehmbare Bereicherung für ein gemeinsames Essen. Sie laden ein sich ganz auf den Moment einzulassen, der in dieser Form nicht mehr wiederholbar sein wird.

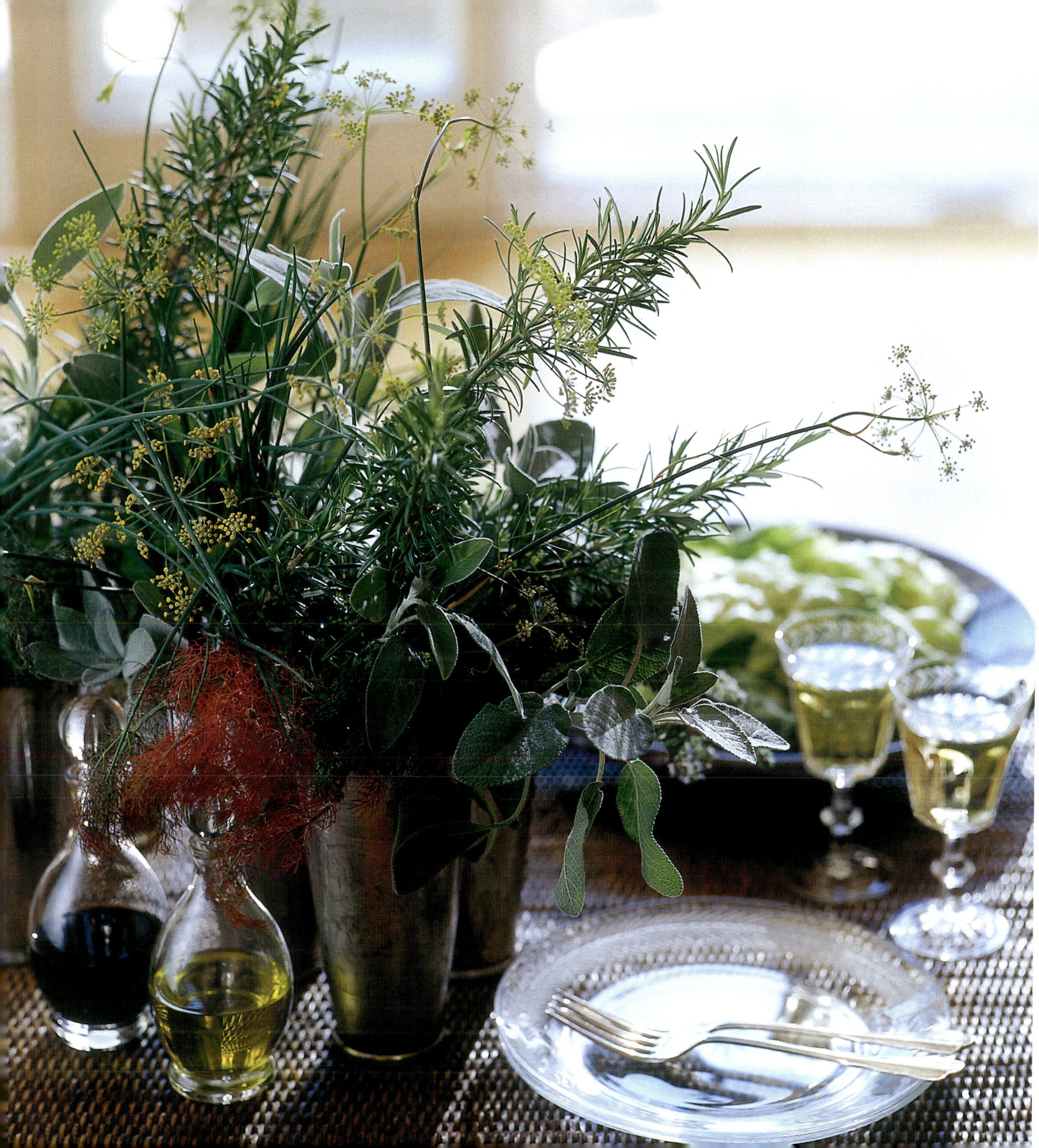

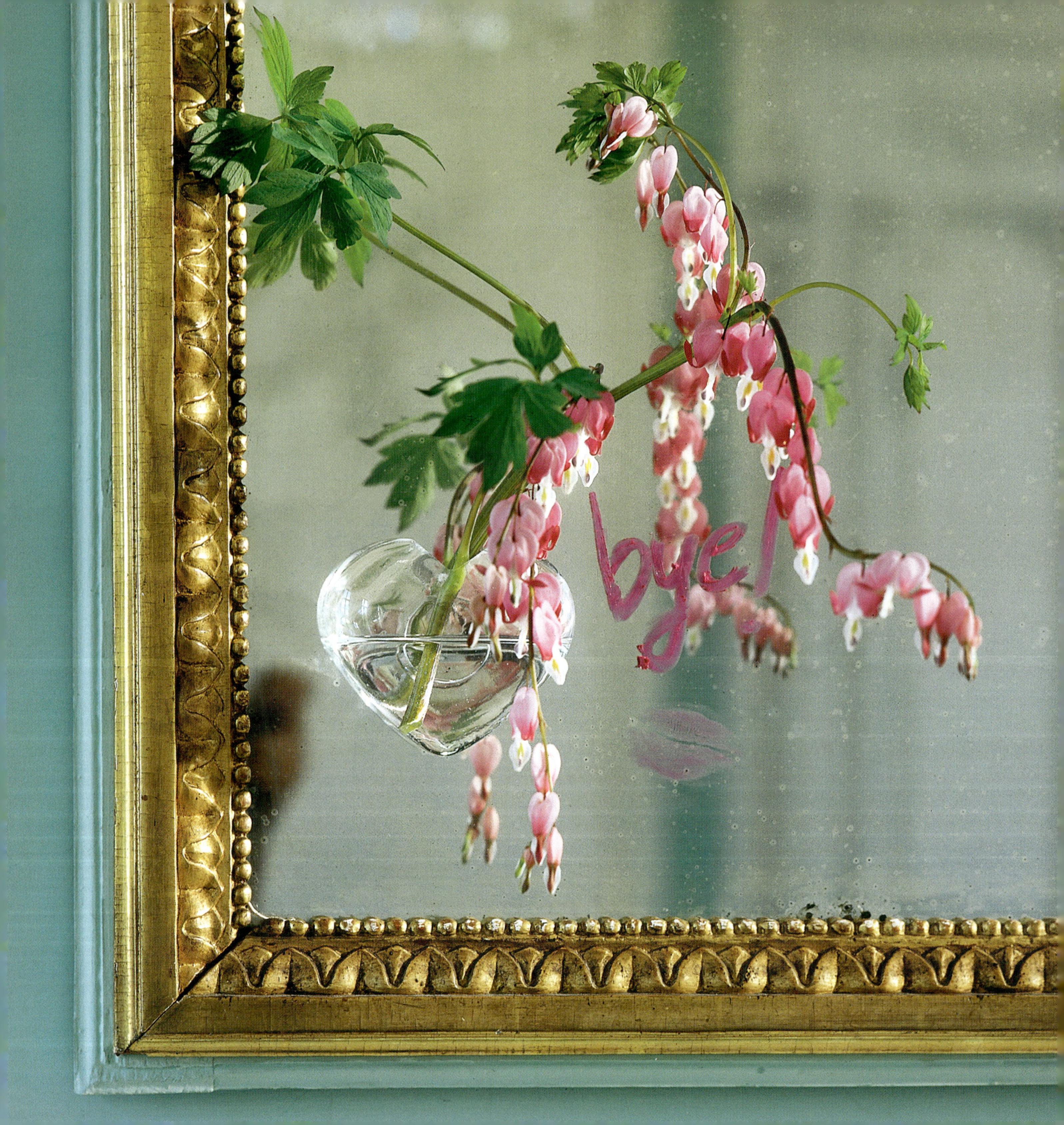
bye!

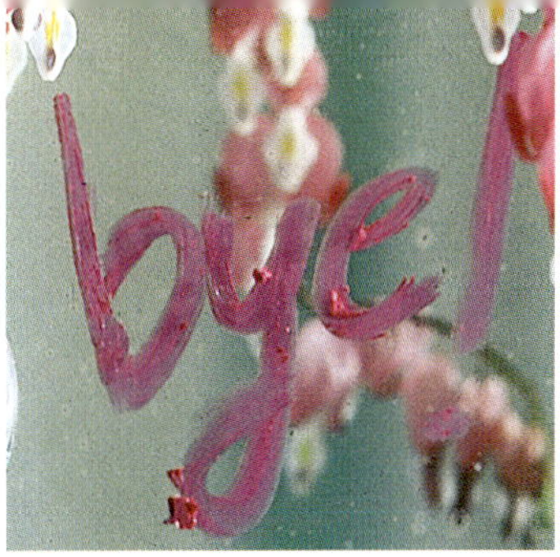

LEBEWOHL

Abschied mit Schmerz

„Ein paar Tränen werd ich weinen um Dich
aber Du wirst es nicht sehn,
denn beim Abschied will ich lächeln,
als sei weiter nichts geschehn!
Niemals wieder gibt es einen wie Dich,
nie wieder wird es so schön,
doch beim Abschied will ich lächeln,
denn Du kannst mein Herz nicht sehn!"

Das Tränende Herz steht für den Schmerz bei einem unwiderruflichen Abschied. Darum auch das „bye" und nicht ein „Wiedersehn". Ein letzter, hingehauchter Kuss, ein gläsernes Herz, aus dem sich die vielen kleinen Herztränen ergießen. Das Ganze auf einem Spiegel, so dass der Geliebte zwar den Kuss auf seiner Wange sehen kann, ihn aber nicht mehr fühlen wird.
Dieses Bild ist sehr romantisch und sehr traurig, aber manchmal muss es genauso sein.

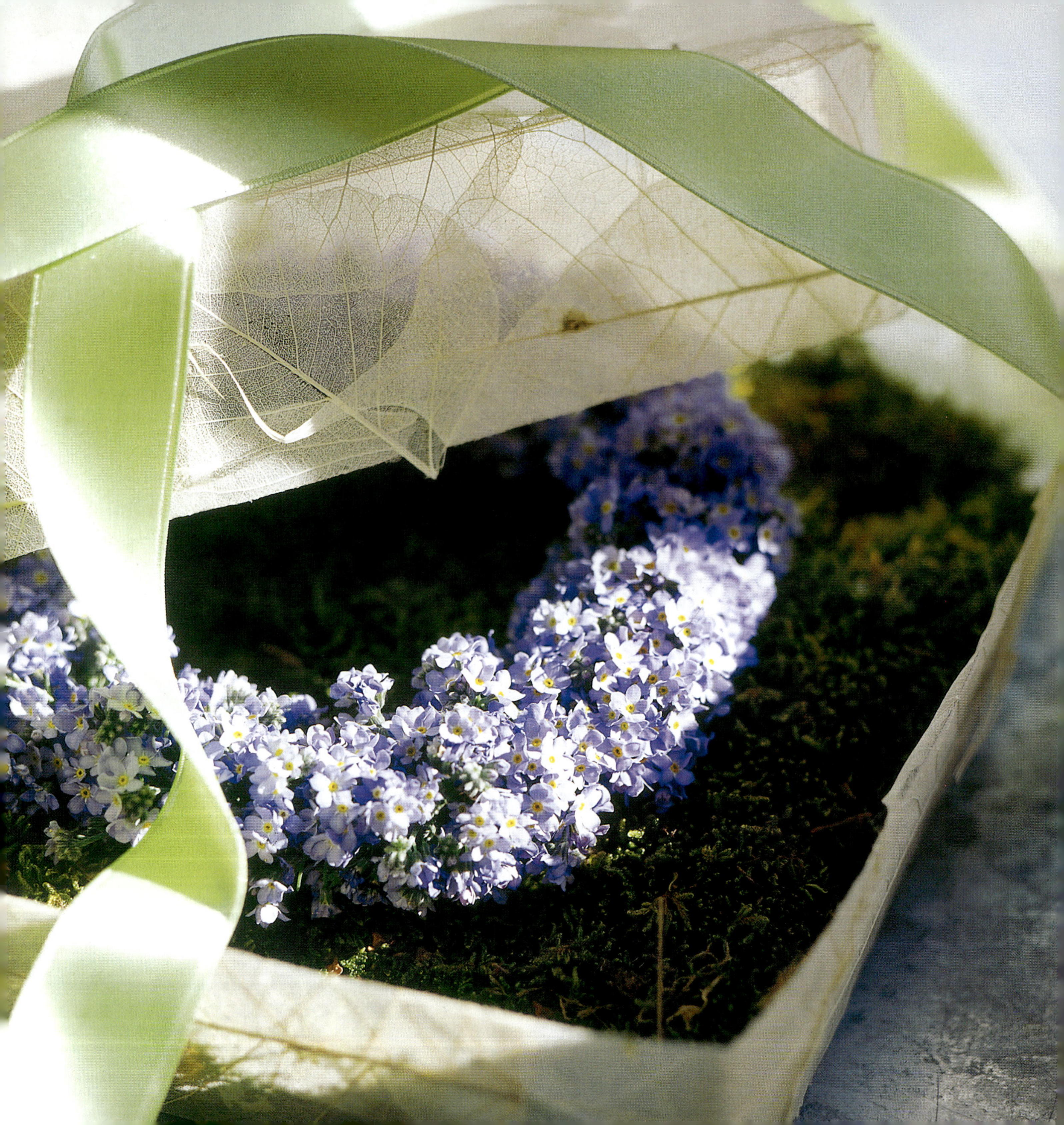

LEBEWOHL

Vergissmeinnicht

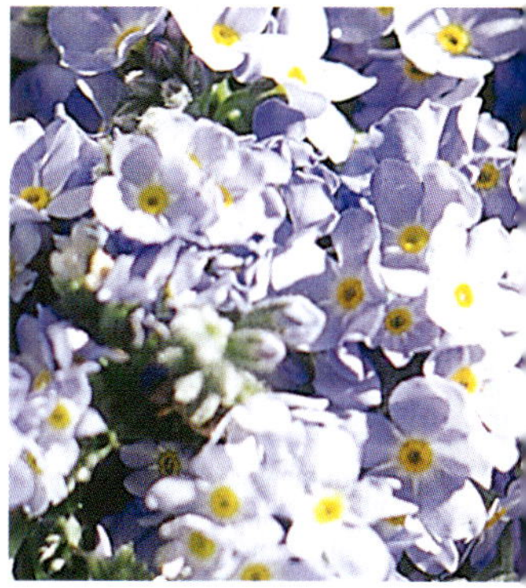

Ein transparente Schachtel, mit skelettierten Blättern beklebt, darin ein kleines Kränzchen aus Vergissmeinnicht auf einem feuchten Moosbett.

Es ist ein unwiederbringlicher Abschied, verbunden mit dem Wunsch, sehr wichtige Erlebnisse, Verbindungen, Gedanken und Gefühle nicht zu vergessen. Man zeigt seine innersten Emotionen, genau wie die Schachtel, die nur zart verhüllt, aber nichts wirklich verdeckt. Das Kränzchen drückt den Wunsch nach ewiger, unauslöschbarer Erinnerung aus.

Es gibt wohl kaum ein Geschenk, das bei einem Abschied mehr Gefühle, Wünsche und Sehnsüchte ausdrücken kann.

Maiglöckchen

Die Blume des Mai, des Marienmonats: Das Maiglöckchen steht in Verbindung zu Maria, der Gottesmutter, die von der katholischen Kirche ganz besonders im Mai verehrt wird. Ihr werden Maialtäre errichtet, die über und über mit den Blumen des Wonnemonats Mai geschmückt sind. Vor Maria wurden die Frühlingsgöttinnen mit diesen Frühlingsblumen und ganz besonders mit Maiglöckchen verehrt. Sie huldigten stets den Muttergottheiten, die Leben schenkten.
Das Maiglöckchen gehört dadurch auch zur Verehrungsblume der Mütter schlechthin, ganz besonders am Muttertag, der in den meisten Ländern in den Monat Mai fällt.

Die kleine zarte Blume, die so wunderbar duftet, zu einem kleinen Sträußchen gebunden, hat etwas Kindliches an sich, das jede Mutter in ihrem tiefsten Inneren berühren wird.

Maiglöckchen und Gräser schmücken ein Frühstückstablett, auf dem der Mutter Kaffee und ein kleines Kuchenherz ans Bett gebracht werden. Ob es sich dabei um die Erleichterung eines „schlechten Gewissens“ handelt, muss jeder selbst entscheiden. Also: nicht nur Maiglöckchen im Mai, sondern auch Rosen im Juni, Sonnenblumen im Juli ...
Für die Mütter!

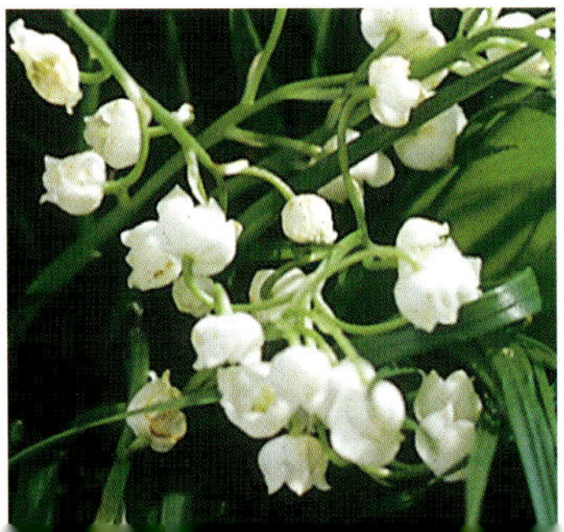

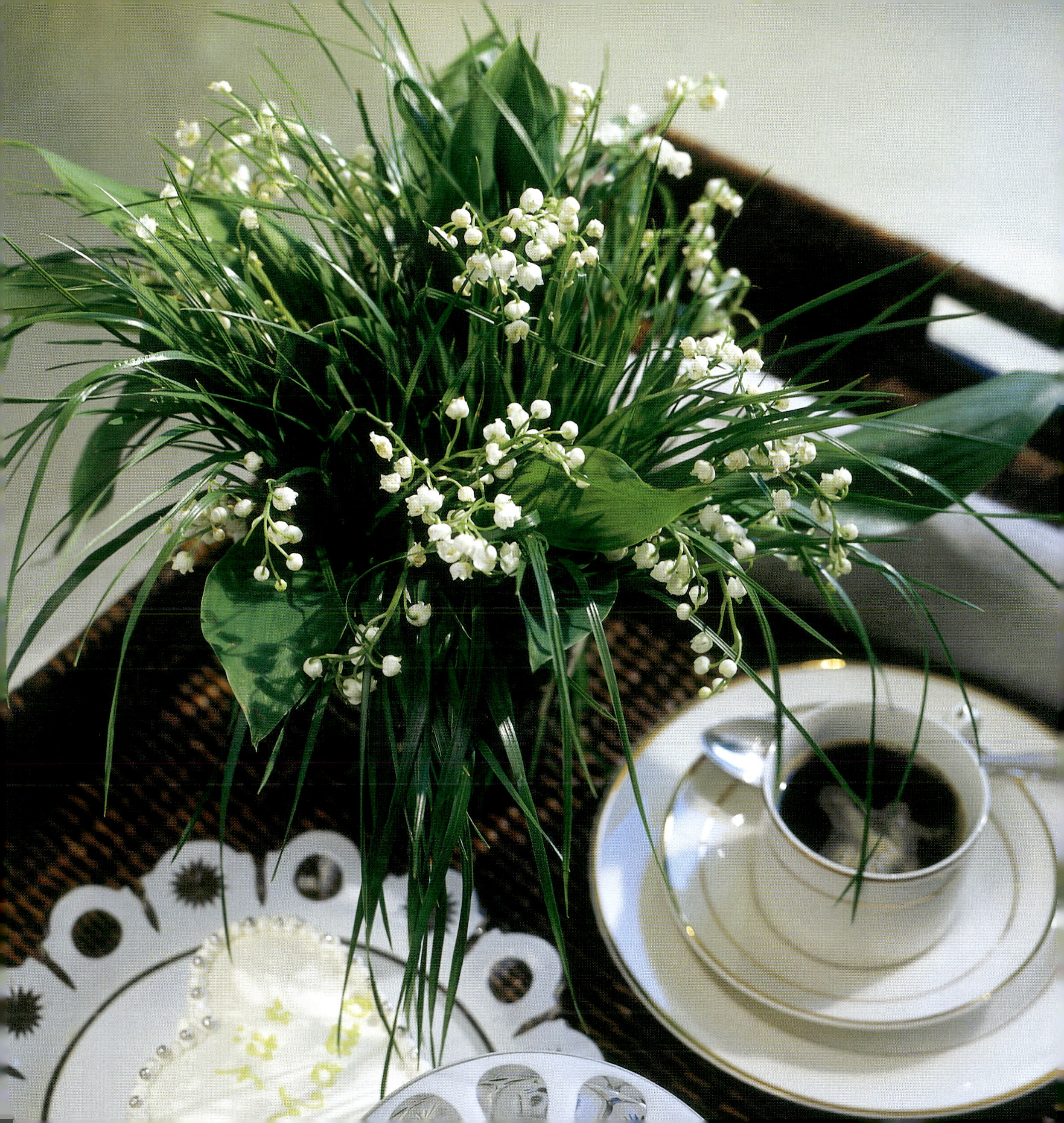

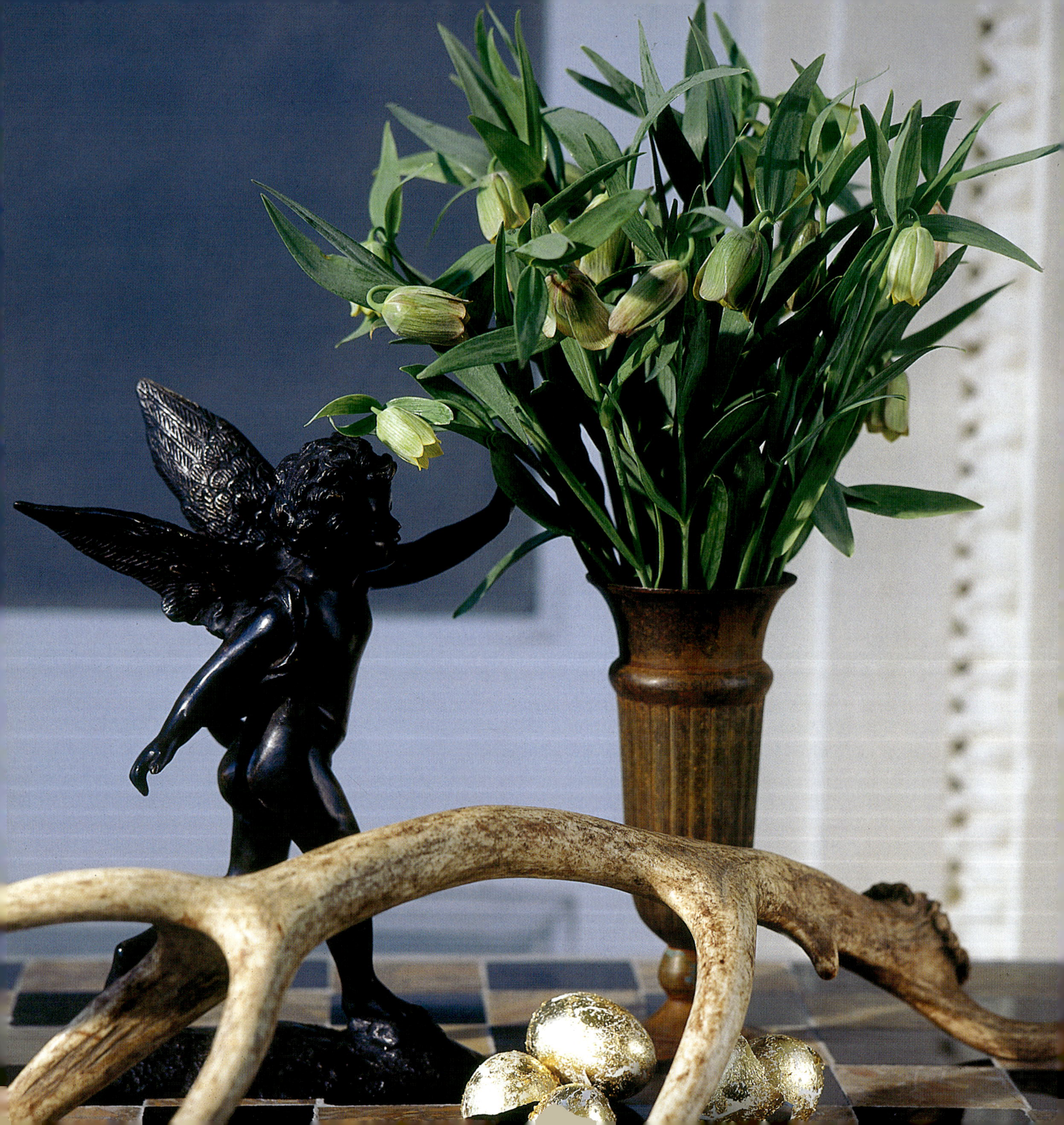

Macht und ihre Vergänglichkeit

Eros greift nach den Blumen und läuft leichtfüßig über ein Schachbrett dahin. Zu seinen Füßen liegen goldene Eier, manche davon zerbrochen, und ein Hirschgeweih. Das mutet alles sehr kurios an, ist es jedoch nicht. Es sind alles Symbole der Macht.

Das Schachbrett verkörpert politische Macht. Das Geweih stellt die Jagd nach der Macht dar. Die goldenen Eier versprechen Glück durch die Macht des Reichtums. Eros, der Sohn der Venus, ist das Sinnbild der Macht, die von der Liebe ausgeht. Unter den Pflanzen ist die Fritillarie die Blume, die Macht verkörpert: Man findet sie in mittelalterlichen Blumenstilleben als Symbol für den Kaiser, während beispielsweise die Schwertlilie für den Ritter und Gartenblumen für den Bauern standen.

Aber gerade diese Blüten tragen noch einen anderen Aspekt in sich: den der Vergänglichkeit. Die Fritillarien, genau wie die zerbrochenen goldenen Eier, sollen uns zeigen, dass jede Form der Macht vergänglich ist und nicht ewig dauern kann. Warum also sein Leben mit der Jagd nach Ruhm, Reichtum und einem schnellen Liebesabenteuer vertun?

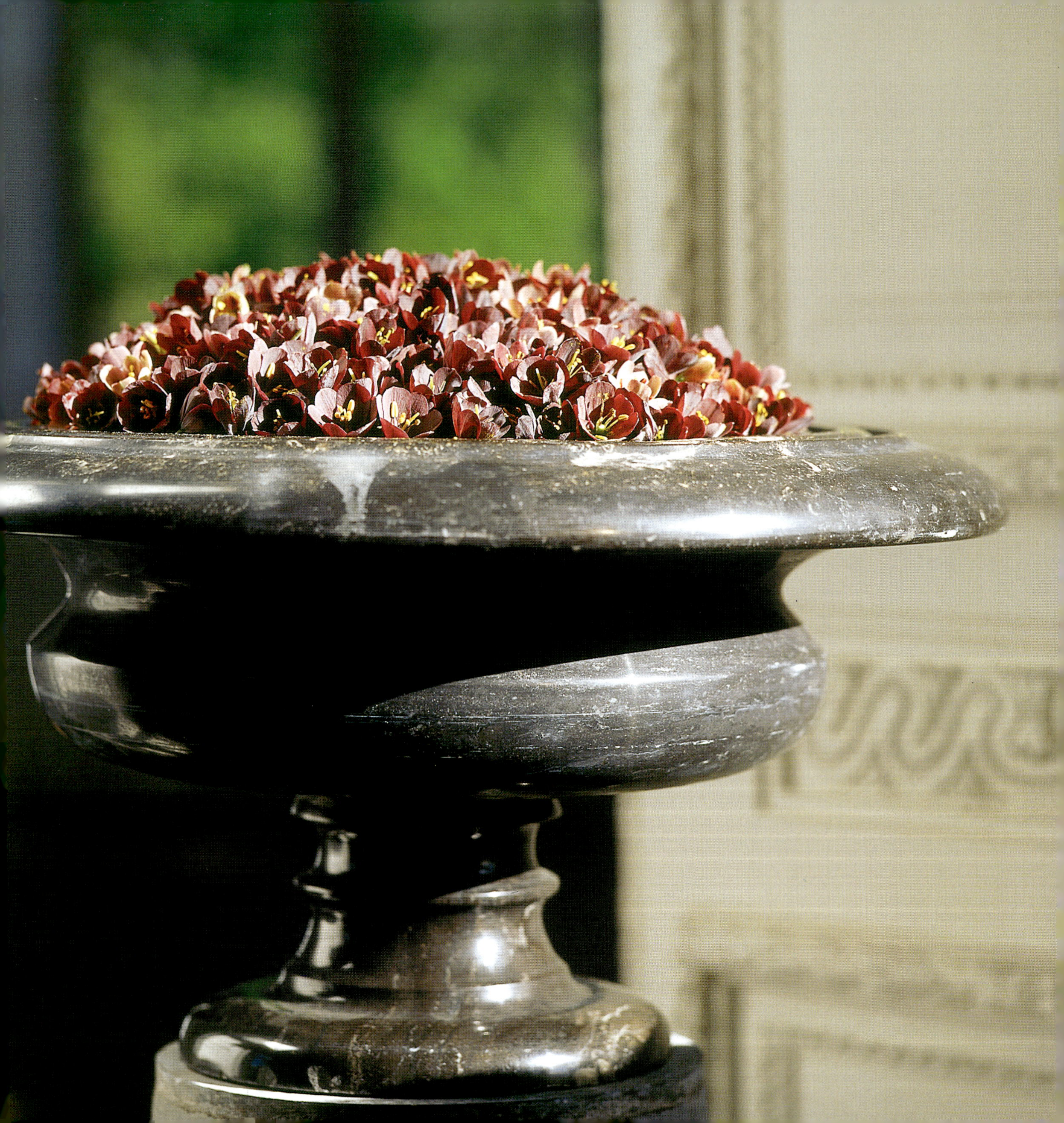

MACHT

Die Farbe der Aristokratie

Purpur. Schon der Name des Farbstoffes war immer gleichbedeutend mit Macht. Purpur war der teuerste Farbstoff der Antike. Nur die Caesaren durften diese Farbe tragen, wie nach ihnen fast alle königlichen Herrscher bis heute. Purpur ist die Farbe der Aristokratie und wurde aus diesem Grund natürlich nie gewählt, um Demokratie auszudrücken. Darin liegt die weitere Bedeutung dieser Farbe: Sie verkörpert nicht nur Macht, sondern auch Unterdrückung.
Aber so einfach ist es mit dem Purpur dann auch wieder nicht. Es steht farblich zwischen dem materiellen Rot und dem mystischen Violett, hat also beide Aspekte in sich. Im Idealfall verkörpert Purpur eine Hinwendung zum Geistigen, zur positiven Macht. Aus diesem Grund dürften eigentlich nur Menschen den Purpur tragen, die ihre Macht nie für sich selbst nutzen, sondern sich unter einem humanen, geistigen Aspekt den Titel Aristokrat verdient haben. Die Griechen prägten den Begriff der Aristokratie, der soviel wie „Herrschaft des Besten" bedeutet.
In dieser Darstellung wurden unterschiedliche Aspekte verwendet um Macht darzustellen. Das Marmorgefäß verkörpert ganz deutlich die Härte, die in der Macht liegt. Der Typus des Gefäßes ist seit der Antike bekannt und war bei den Römern, den absoluten Machthabern der Spätantike, sehr beliebt.
Die purpurfarbenen Fritillarienblüten sind vom Stiel getrennt und in die äußerst strenge und regelmäßige Form einer flachen Kuppel „gepresst". Auch das drückt Macht aus. Im Hintergrund leuchtet das Gelbgrün von Laubbäumen durch das Fenster. Sie verkörpern den Gegensatz zur strengen Blumengestaltung und machen sowohl durch ihre Farbe als auch durch den Charakter der freien Laubzweige die Zwänge der machtvollen Farbe Rotviolett noch bewusster.

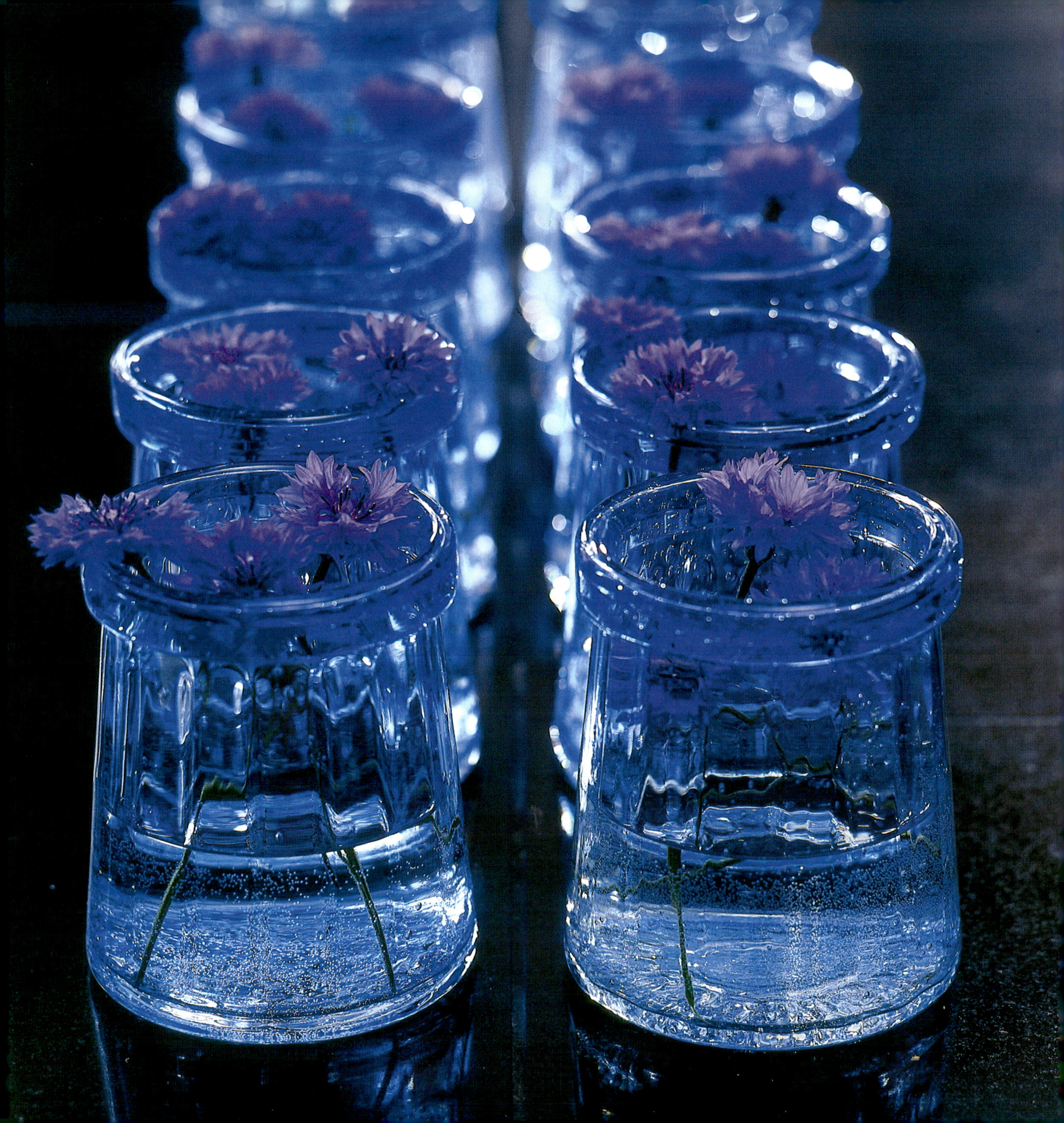

MACHT

Treue gegenüber dem Herrscher

Die Kornblume verkörpert die unbedingte Ergebenheit und Treue gegenüber einem Herrscher. Sie ist zwar eine kleine, aber durch ihre leuchtend blaue Farbe sehr auffällige Blume, die in der Regel in großer Menge auftritt und damit das gemeine Volk symbolisiert. Bereits im alten Ägypten wurden die Pharaonen in ihren Gräbern mit Kornblumenkränzen und -girlanden geschmückt. Die Ergebenheit der Bevölkerung und die Verehrung des Toten fanden darin ihren besonderen Ausdruck.

Die Kornblume versinnbildlicht auch militärische Treue und war aus diesem Grund eine der Lieblingsblumen von Wilhelm I. von Preußen. Sie verkörperte für Wilhelm die preußischen Tugenden wie Bescheidenheit, aber auch Stolz, den er in der königlichen Farbe dieser einfachen Feldblume sah.
Das Bild zeigt deshalb zwei Wesenszüge der Kornblume: zum einen ihre Bescheidenheit und die Fähigkeit sich unterzuordnen ohne dabei aber ihren Charakter aufzugeben. Zum anderen verkörpert sie in der Menge, in einer solchen Formation eine gewisse Macht.

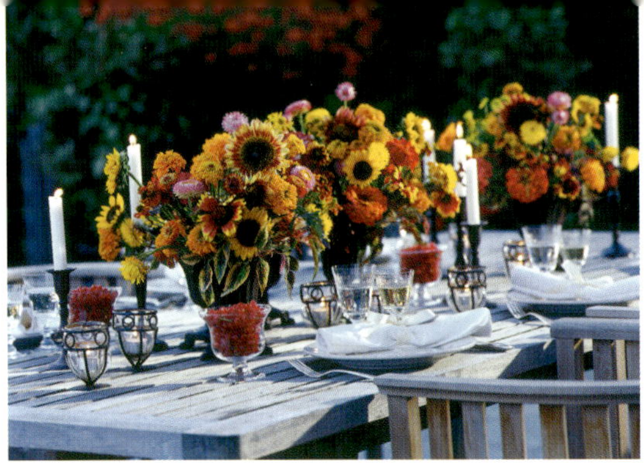

SONNENWENDE

Sommersonnenwende

Die Sommersonnenwende teilt zusammen mit der Wintersonnenwende das Jahr. Der längste Tag bricht an, die Nacht ist die kürzeste des ganzen Jahres. In den nordischen Ländern geht die Sonne in den Tagen um die Sonnenwende gar nicht unter. Schon immer wurde dieser Tag mit besonderen Festen begangen. Miteinander essen, trinken und im Freien feiern steht dabei im Mittelpunkt. Die Tische werden am liebsten auf die Wiese gestellt, und man schmückt sie mit sommerlichen Blüten der Jahreszeit, um so den Höhepunkt des Sommers zu begehen und zu würdigen.

Die Farben der Blumen geben das gesamte Spektrum der Farbtöne wieder, die wir mit dem Sonnenlicht in Verbindung bringen: die Rot-Orangetöne, die wir bei Aufgehen der Sonne erleben, das goldene Gelb, mit dem man die Sonne meistens in Verbindung bringt, aber auch die sanften Pupurtöne, mit denen die Sonne sich manchmal im Sommer am Abend verabschiedet. Es wurden nur Blüten verwendet, die selbst Sonnensymbole sind, sei es durch die Form der Blüten, stahlenförmig oder kugelig, oder durch die Namen, die der Volksmund ihnen gegeben hat. An ganz prominenter Position befindet sich die Sonnenblume, unter anderem begleitet von Zinnien und Sonnenbraut.

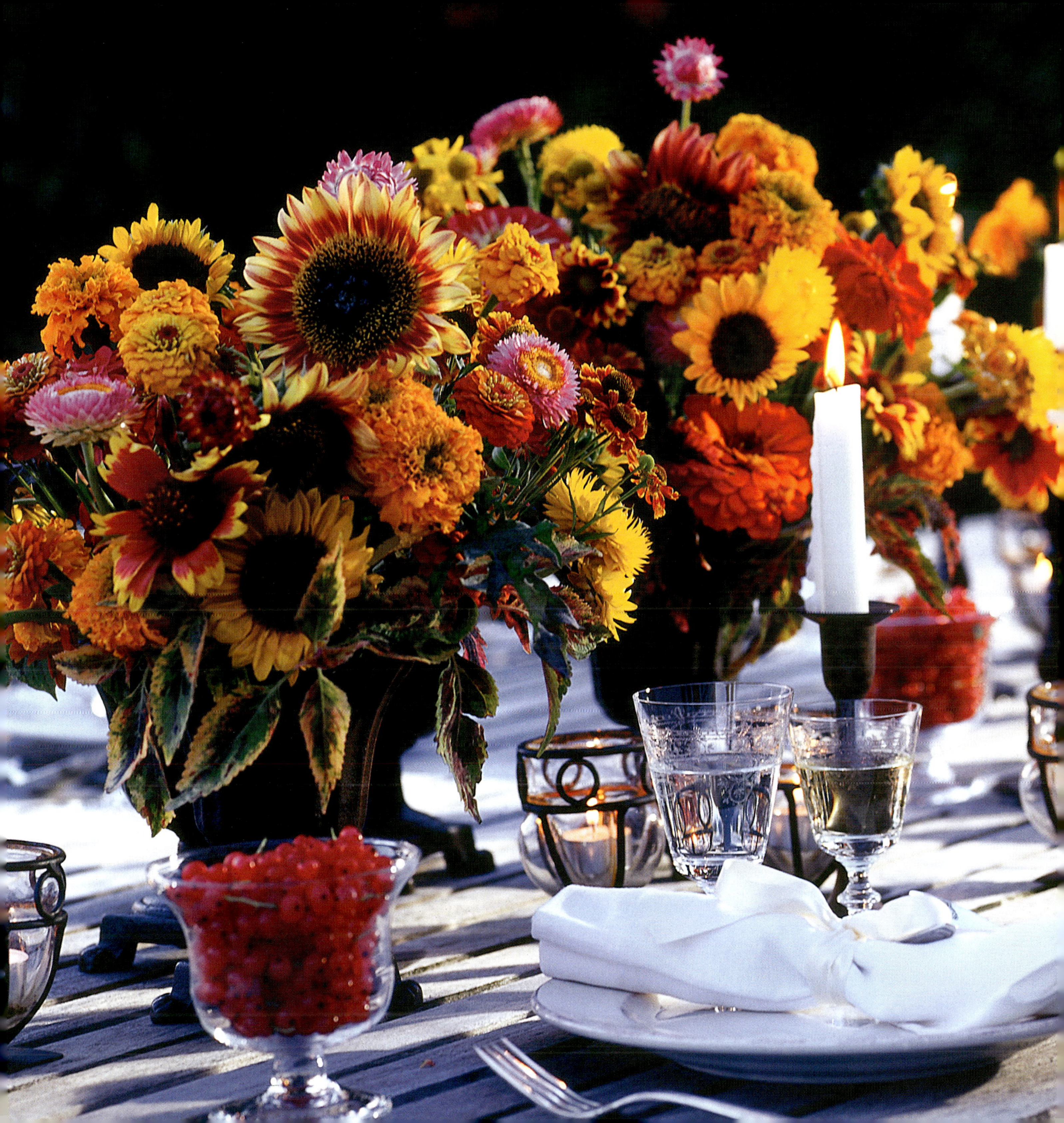

SONNENWENDE

Die süße Frucht des Johannes

Das Christentum ordnet den Tag der Sommersonnenwende Johannes dem Täufer zu. Der Johannistag ist ein ganz besonderer Tag im Kirchenjahr. Wichtig für die Feiern der Sommersonnenwende sind Johannisbeeren, die ihren Namen von diesem Heiligen erhalten haben. Sie stehen wie Johannes selbst für den Sieg des Lichtes über die Dunkelheit und verkörpern somit den positiven Geist, der von diesem Tag ausgeht. Kerzenlicht spielt in der kürzesten Nacht des Jahres eine besonders wichtige Rolle. Das Licht erhellt die kurze Nacht und vertreibt alle bösen Geister der Dunkelheit.

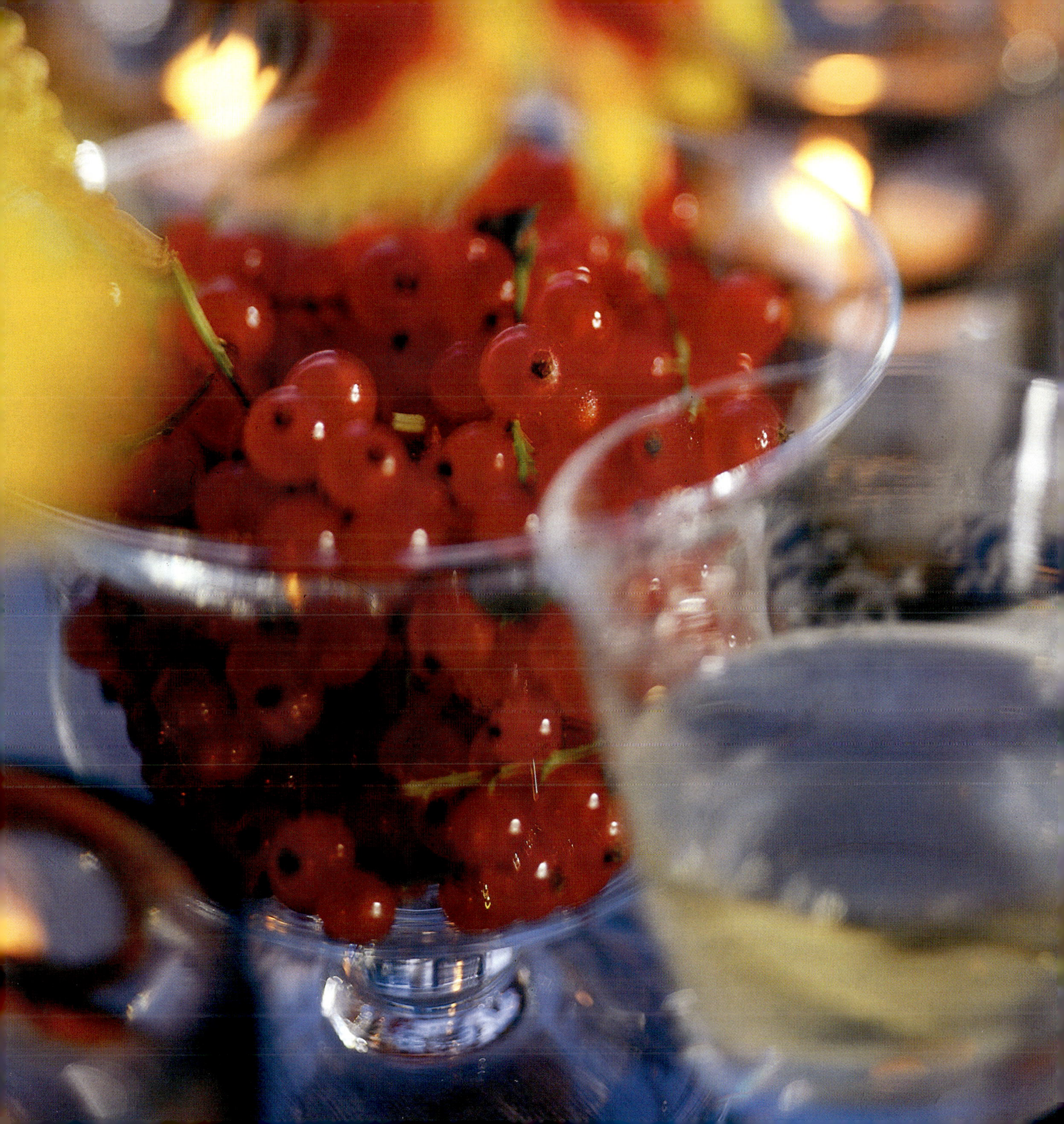

SONNENWENDE

Feuer und Wasser

Kränze mit Kerzen gehörten zum alten nordisch-germanischen Brauchtum; man ließ sie vor allem in der kürzesten Nacht des Jahres auf dem Wasser schwimmen. Damit vereinte man die beiden Konkurrenten Feuer und Wasser, was als besonders glückliches Symbol galt. Es versprach Versöhnung und Frieden, also Dinge, die den Menschen immer schon kostbar waren.

Die schwimmenden Kränze der Sommersonnenwende, umgeben mit lebenden grünen Blättern, stehen in engster Verbindung zum Adventskranz, der mit seinen immergrünen Zweigen die Menschen in der Zeit bis zur Wintersonnenwende begleitet.

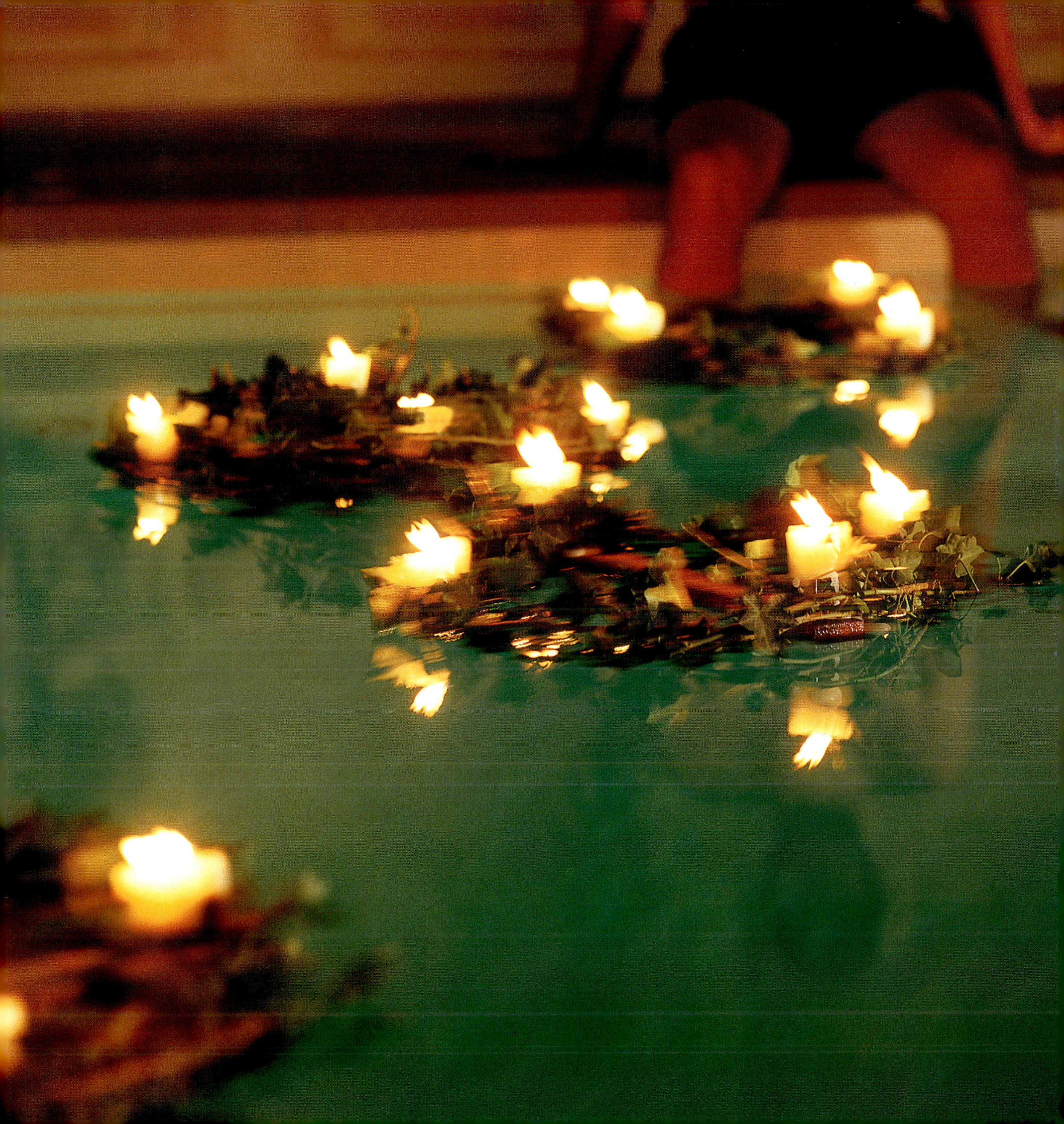

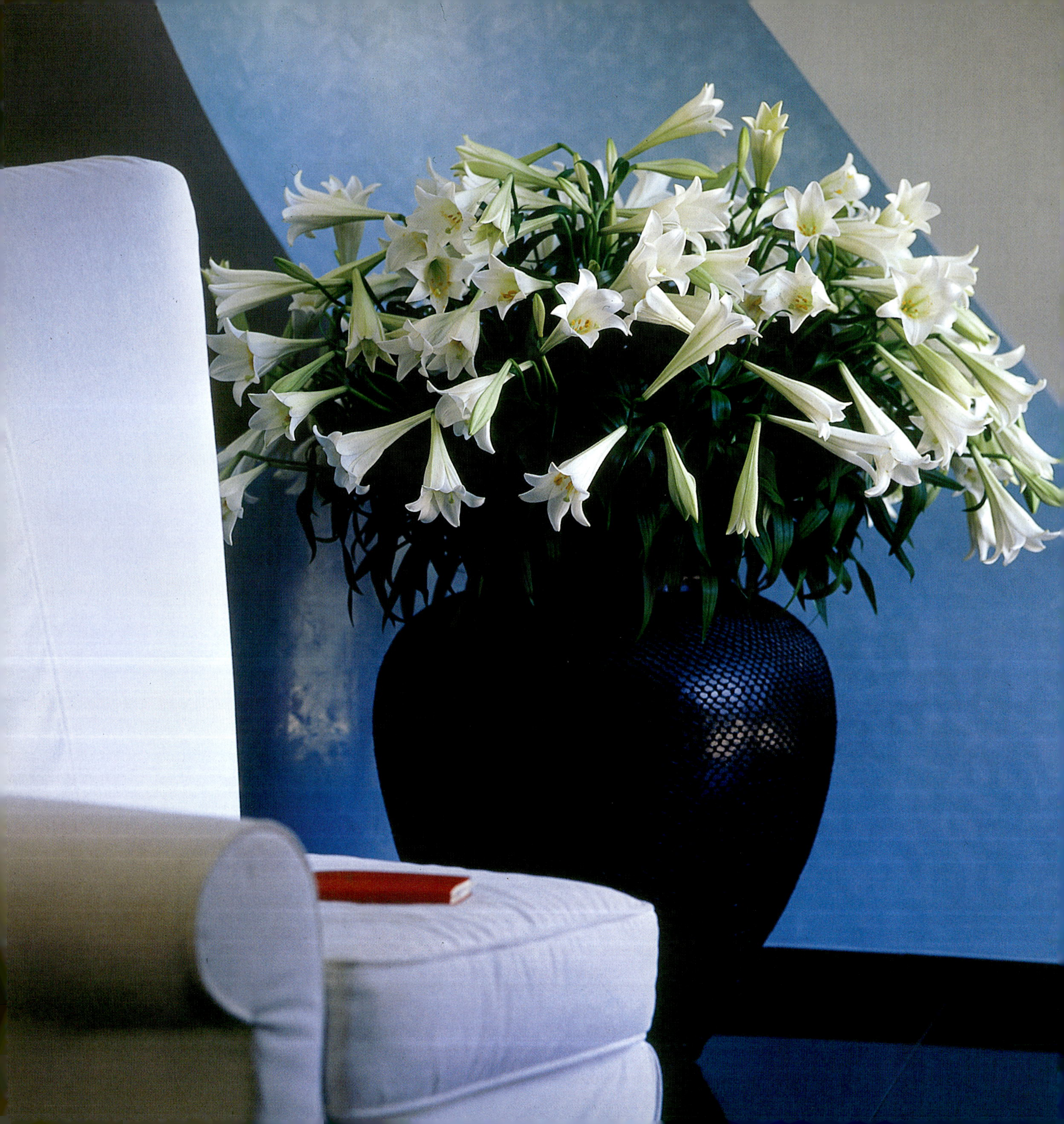

Die Blume der Gottesmutter

„Gegrüßet seist Du Maria voll der Gnade
Der Herr ist mit Dir!“

So begrüßt der Engel Maria, als er ihr verkündet, dass sie den Sohn Gottes gebären soll.
Maria mit dem Engel ist wohl eines der am häufigsten gewählten Motive in der Kunst. Es wurde schon in allen Facetten dargestellt und interpretiert. Schon bei den sehr frühen Darstellungen überreicht der Engel Maria eine weiße Lilie. Die Lilie drückt aus, dass Maria Ihren Sohn in allumfassender Unschuld empfängt und sie als Gottesmutter ohne den Makel der Erbsünde ist. Die weiße Lilie war immer schon den Himmelsgöttinnen gewidmet. Die Griechen verehrten damit Hera, die Frau des Göttervaters Zeus, als Königin des Olymps. Hera stand für den Schutz der Familie als wertvollstes Gut.
In der christlichen Religion erhielt Maria schon sehr früh den Status der Himmelskönigin, eine Mondsichel zu ihren Füßen und ein Kranz von Sternen um ihren Kopf. Sie ist das Sinnbild der Mutter, an die sich alle Menschen wenden können.

Dieses Bild verwendet die Motive der klassischen Gemälde, die die Verkündigung darstellen. Maria wird meistens auf einem Thron sitzend mit einem Buch in den Händen dargestellt, während der Engel die Szene betritt.
Der weiße, thronartige Sessel steht vor dem Handlauf einer himmelblauen Treppe, auf dem Sessel liegt ein kleines orangefarbenes Buch. Treppen sind ein Symbol für die Verbindung zwischen Himmel und Erde. Man spricht nicht umsonst von Himmelstreppen oder Himmelsleitern. Die himmelblaue Farbe steht für den Engel, den Himmelsboten. Zwischen dem Sessel und der Treppe steht eine Vase, gefüllt mit weißen Lilien. Die Lilien verkörpern diesen ganz besonderen Moment im Leben von Maria. In voller Erkenntnis dessen, was auf sie zukommen wird und welches Schicksal ihr Kind erleiden wird, spricht Maria: „Siehe, ich bin die Magd des Herrn!“

Orakel

Er liebt mich von Herzen
mit Schmerzen
ein wenig
gar nicht

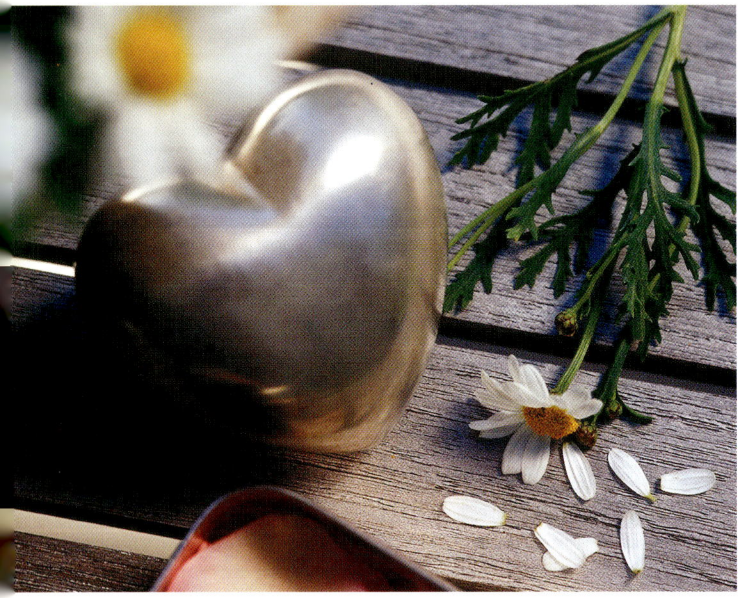

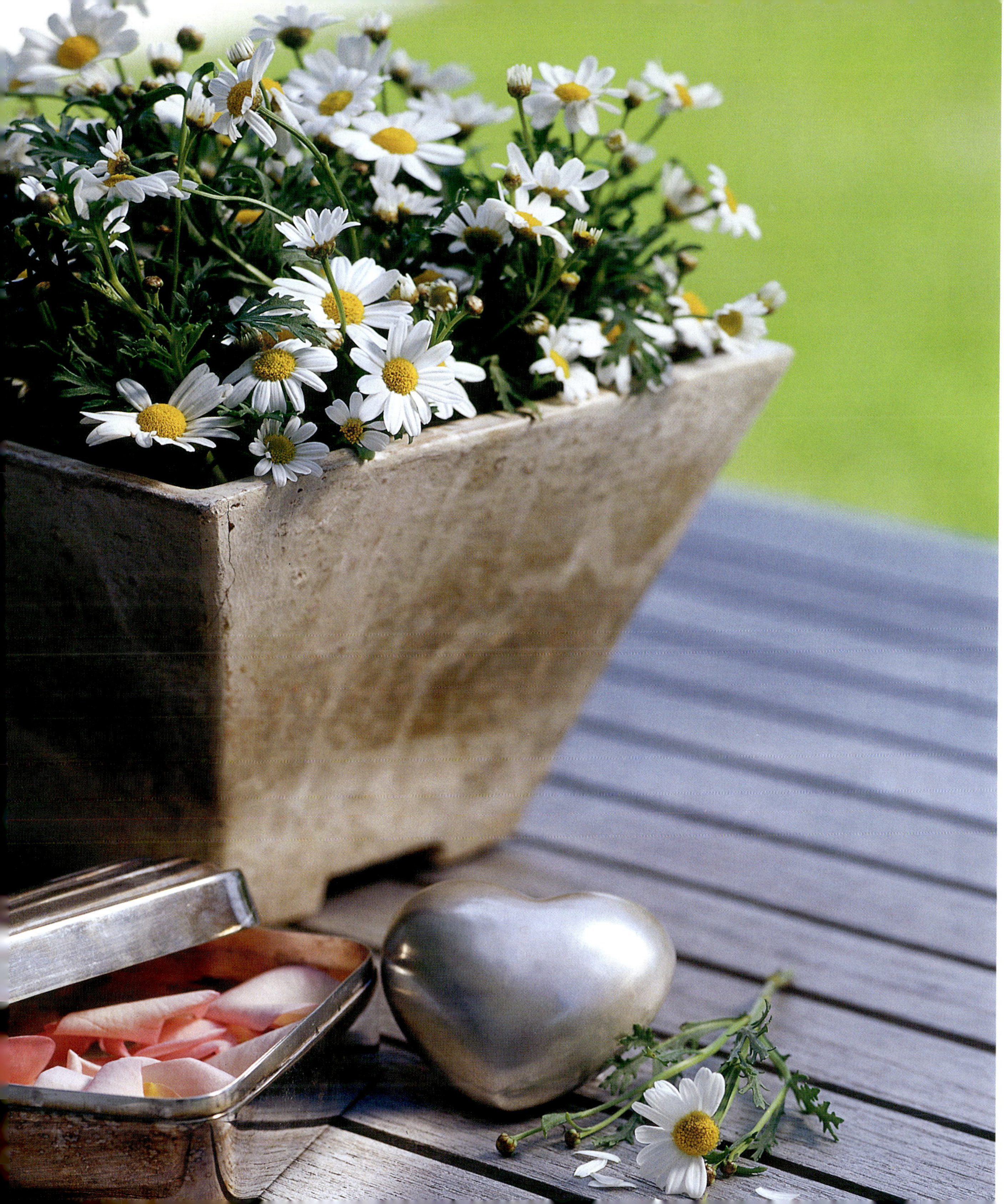

Die Schaumgeborene

Und so entstieg sie dem Meer,
die Schaumgeborene
Und sie betrat ihre heilige Insel
Der Schaum des Meeres tropfte von
ihrem vollkommenen Körper herab
Überall wo der Schaum den Boden
berührte wuchsen weiße Blumen
Sie sollten ihr von nun an geheiligt sein
und immer würden die Menschen
in dieser Blume die Göttin erkennen

In der Vorstellung der Griechen entstand so die weiße Rose. Sie weihten die wohl bedeutendste Blume für den Menschen Aphrodite, der Göttin der Liebe. Die weiße Rose drückt die junge, unschuldige Liebe aus, weshalb sie sehr häufig als Schmuck für Bräute gewählt wurde und wird. Die jungen griechischen Frauen stellten sich mit diesen Blumen unter den Schutz der Liebesgöttin und baten damit um eine glückliche, liebevolle Ehe. Das Bild zeigt die Symbole des Meeres, aus dem Aphrodite geboren wurde: Muscheln, Wasser und Perlen verkörpern das Reich des Poseidon, die weißen Rosen versinnbildlichen ganz klar die Göttin der Liebe. Der Strauß soll von einer Frau an ihrem Hochzeitstag getragen werden. Die Perlen symbolisieren Tränen. Sie sagen uns, dass es nichts wirklich Vollkommenes gibt und das in allem Glück auch ein wenig Schmerz liegt.

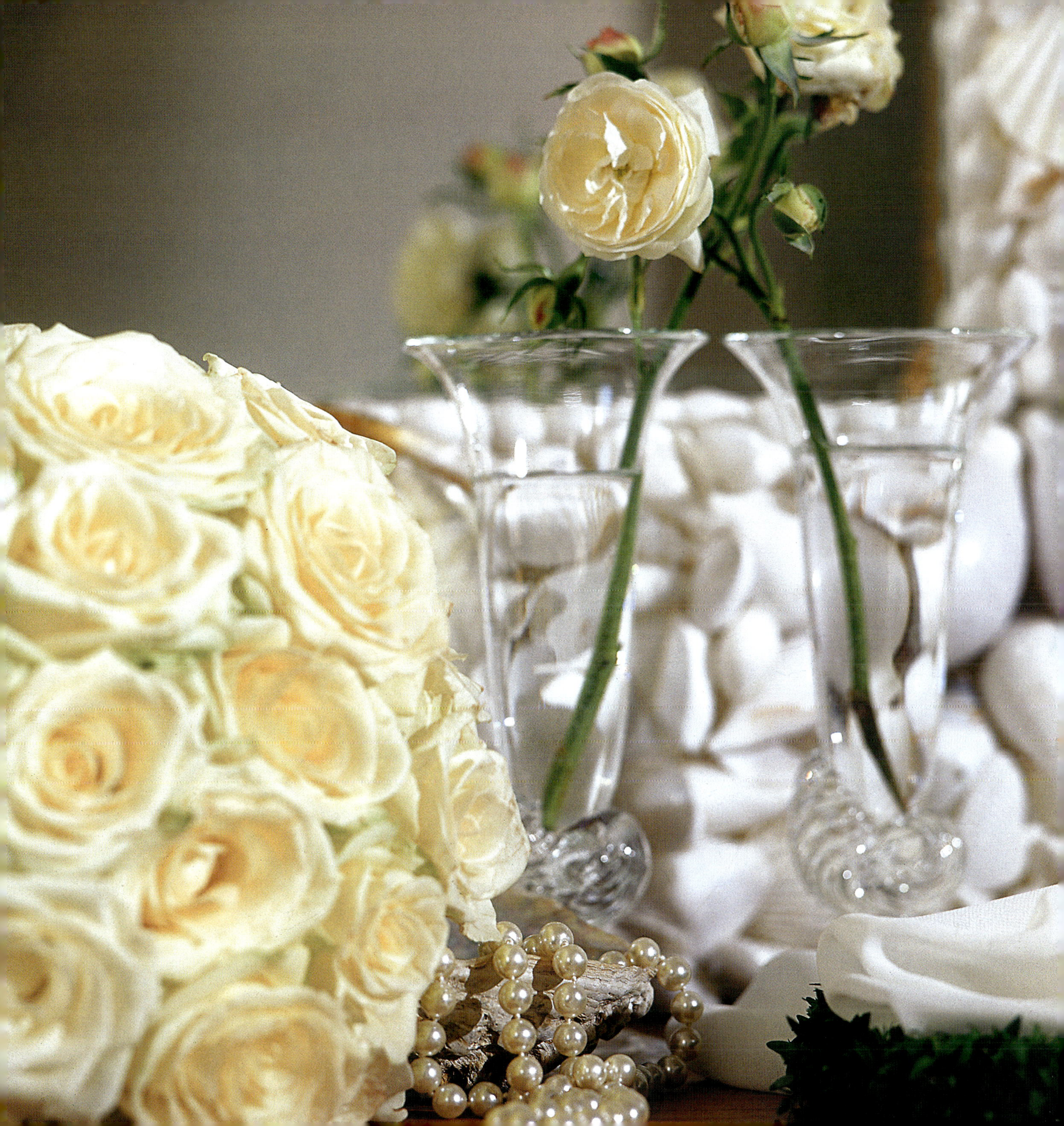

LIEBE

Für immer und ewig

Die frühen Orte zur Verehrung der griechischen Götter waren Haine, also kleine, angelegte Wäldchen, in denen Tempel standen. In den Hainen der Aphrodite, besonders auf ihrer Geburtsinsel Zypern, wuchs auch immer Myrte. Die Myrte war neben der Rose ebenfalls der Liebesgöttin geweiht.
Ein Kranz aus Myrte wurde fast ausschließlich von jungen Frauen am Tag ihrer Hochzeit getragen. Die Bräute drückten dadurch ihre Verbundenheit mit der Göttin aus. Der Kranz stellte die Trägerin unter den direkten Schutz Aphrodites und sie bat damit um eine glückliche, immerwährende Liebe. Noch heute gehört deshalb der Myrtenkranz zum klassischen Schmuck einer Frau an diesem besonderen Tag.

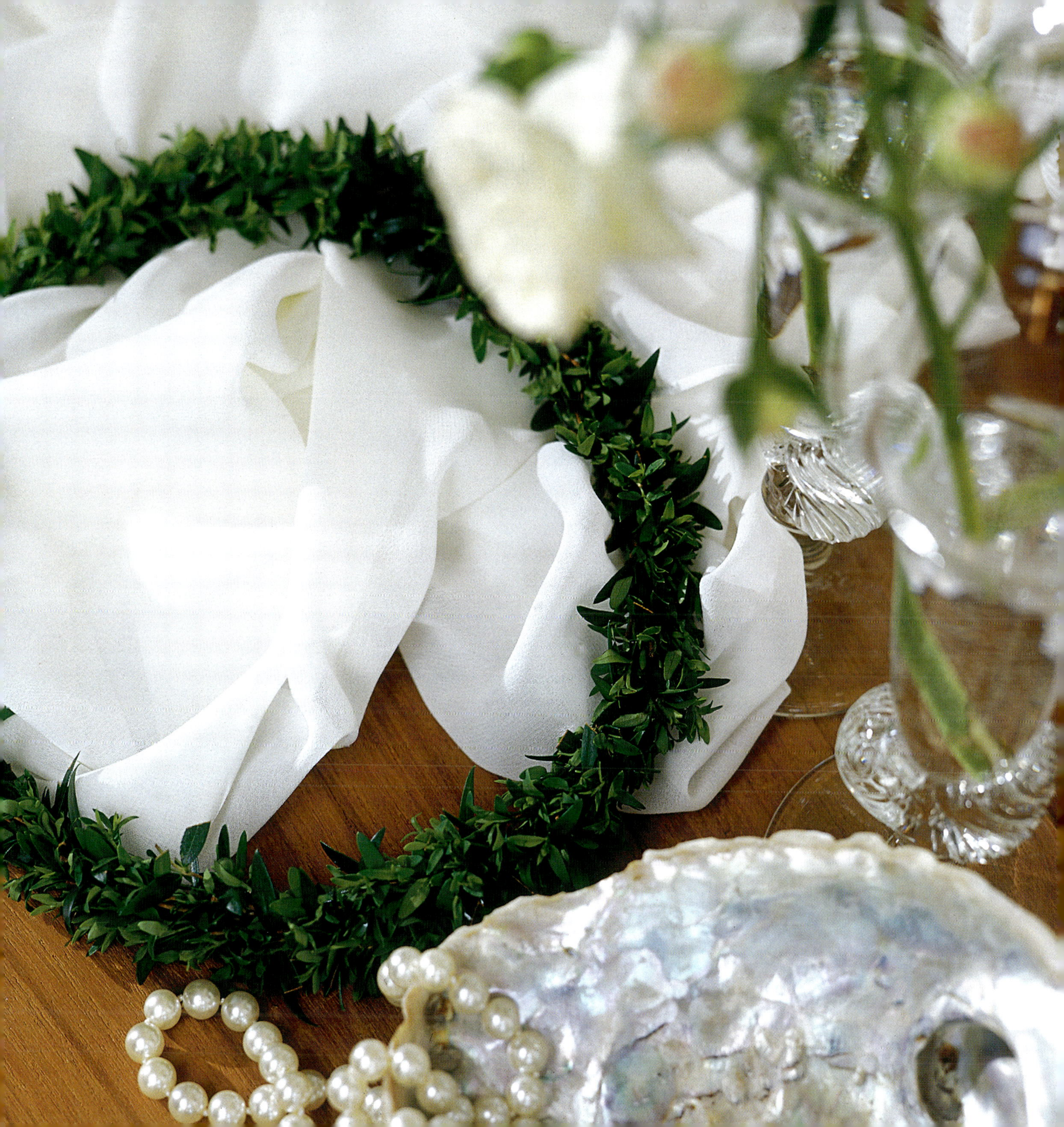

LIEBE

Leidenschaft

Als Aphrodite sah, welch wunderbare Blumen bei ihrer Geburt entstanden waren, pflückte sie ganz fasziniert einige davon ab und stach sich dabei in den Finger. Sie schrie leise auf vor Schmerz und überall, wo ihr Blut die weißen Blüten berührte, verwandelten sie sich in rote Rosen. Aphrodite erkannte, dass sie zwei Seiten in sich trug, die sie den Menschen schenken würde: einmal die reine Liebe, aber andererseits auch die Form der Liebe, aus der Leid entsteht … Nach dieser leidenschaftlichen Liebe würden sich die Menschen verzehren und um ihretwillen sie, die Göttin der Liebe, anbeten. Keine Liebe bliebe ohne Stachel.

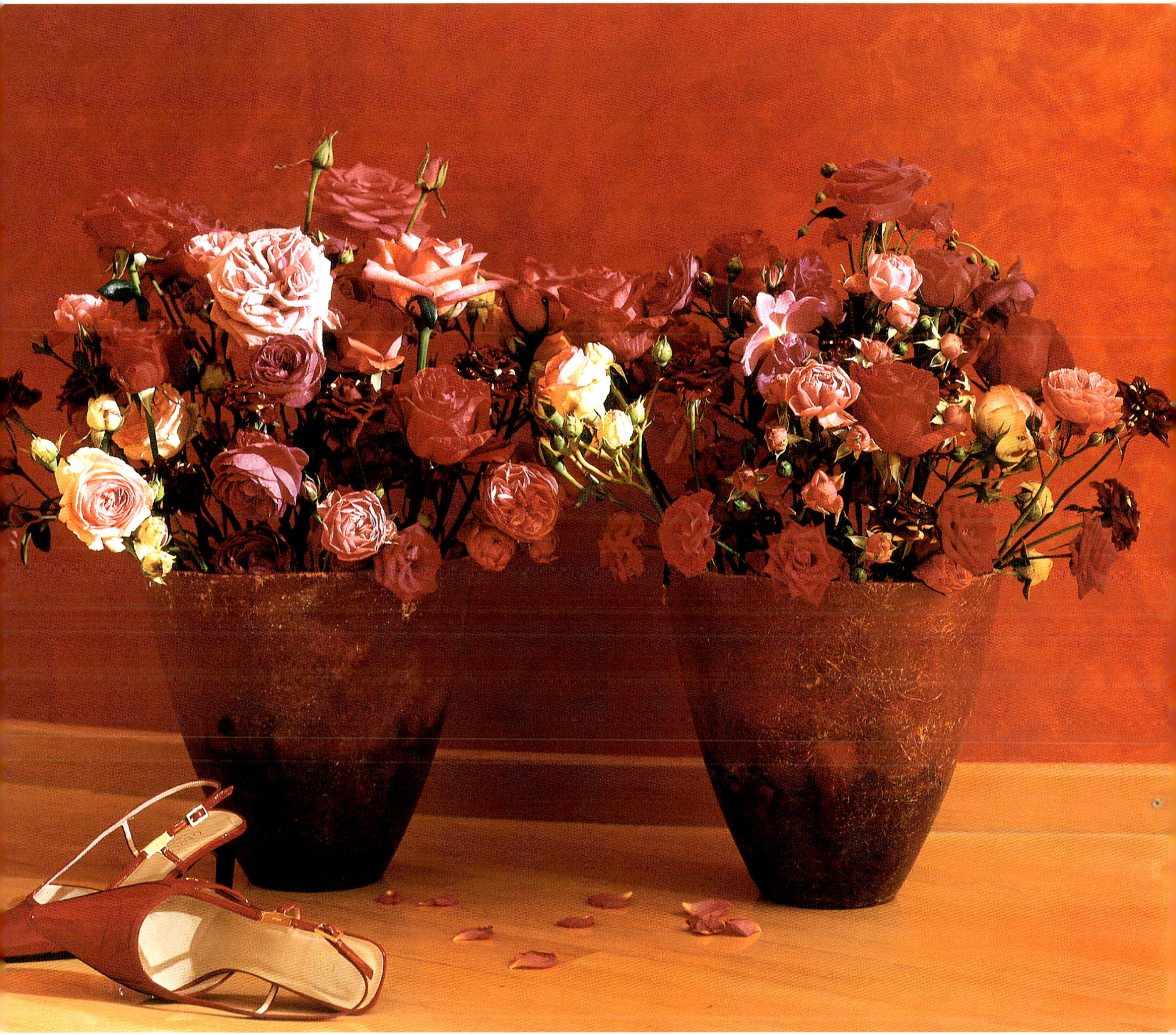

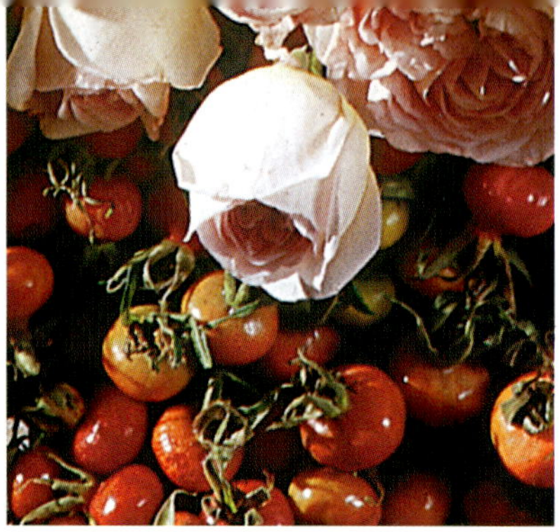

LIEBE

Der Triumph der Liebe

Amor, der Sohn Aphrodites und Ares', dem Gott des Krieges, verzaubert die Menschen und erweckt die Liebe in ihnen. Wann immer einer seiner Pfeile ein Herz trifft, entflammt dieses Herz in Liebe. Der Mensch ist dagegen wehrlos. Meist schießt Amor seine Pfeile mit verbundenen Augen, aber gelegentlich trifft er dabei das falsche Herz. Die alten Griechen glaubten, dass so die unglückliche, nicht erwiderte Liebe entsteht.

Die Hagebutte ist das Kind der Rose, genauso wie Amor das Kind der Liebesgöttin ist. Aus diesem Grund wurde das Gefäß ganz aus Hagebutten gestaltet und dann sehr üppig mit Gartenrosen gefüllt. Die Fülle der Rosen drückt die überschäumenden Gefühle aus, die jeder hat, wenn er vom Pfeil Amors getroffen wird.

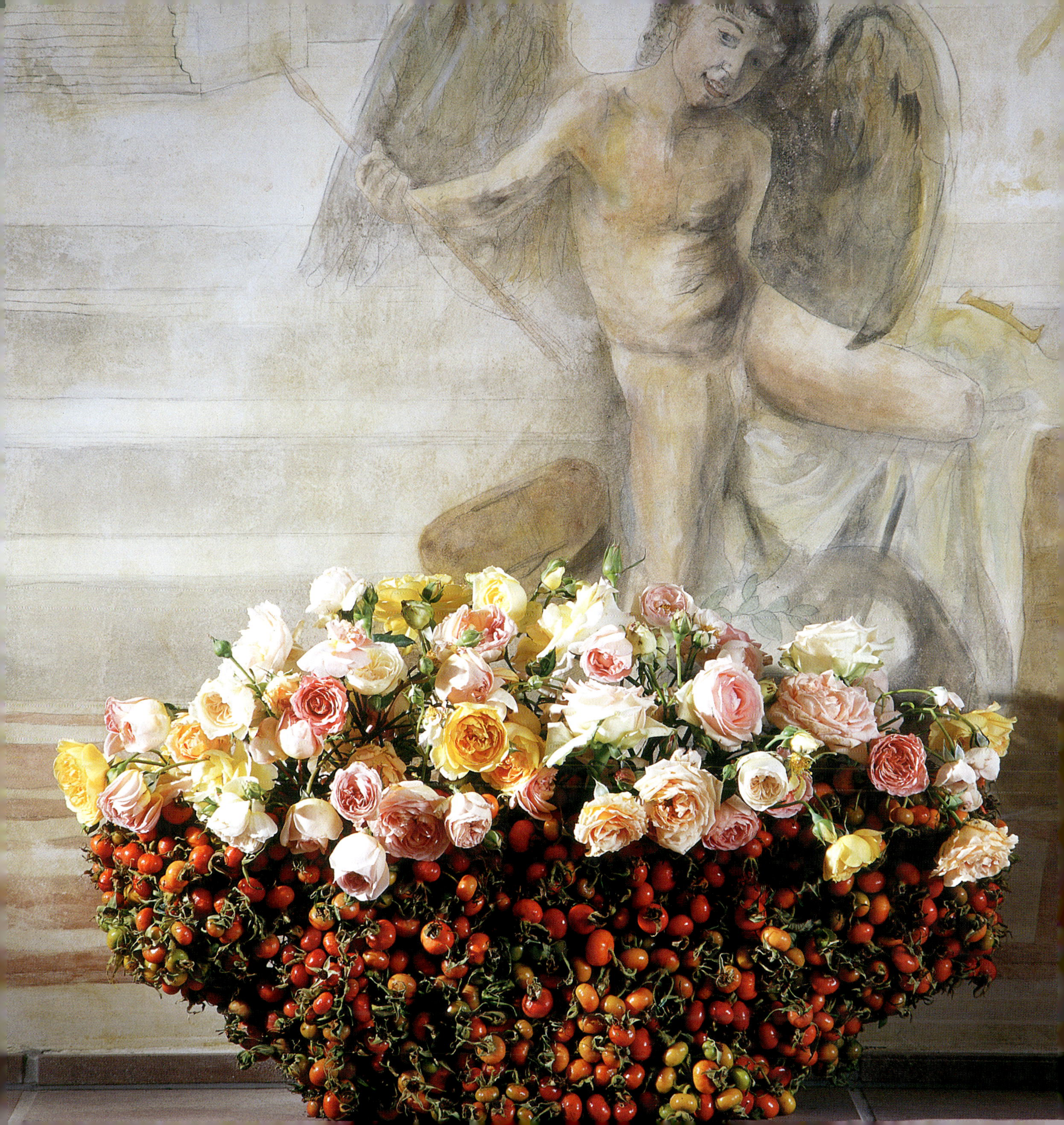

LIEBE

Die Frucht der Versuchung und Verlockung

Die Erdbeere gehört ebenfalls in den Reigen der Pflanzen, die der Aphrodite oder Venus geweiht sind. Sie galt immer schon als Frucht der Verführung; ihr saftiges, süßes Fruchtfleisch versinnbildlicht die süße Lust der erotischen Liebe. Interessanterweise gehört die Erdbeere zu den Rosengewächsen und steht damit in direkter Verbindung zu den Blumen der Liebe.

Für dieses Bild wurde ein Dessertteller kreiert, der als Abschluss eines sinnlichen Abendessens zu zweit oder als Nachspeise bei einer Hochzeit perfekt wäre. Die Erdbeeren wurden in weiße Schokolade getaucht, dazu gibt es Erdbeereis, kandierte Rosenblütenblätter und das pürierte Fruchtfleisch von Erdbeeren. Ein kleines Marzipanherz darf bei dieser süßen Nachspeise nicht fehlen.

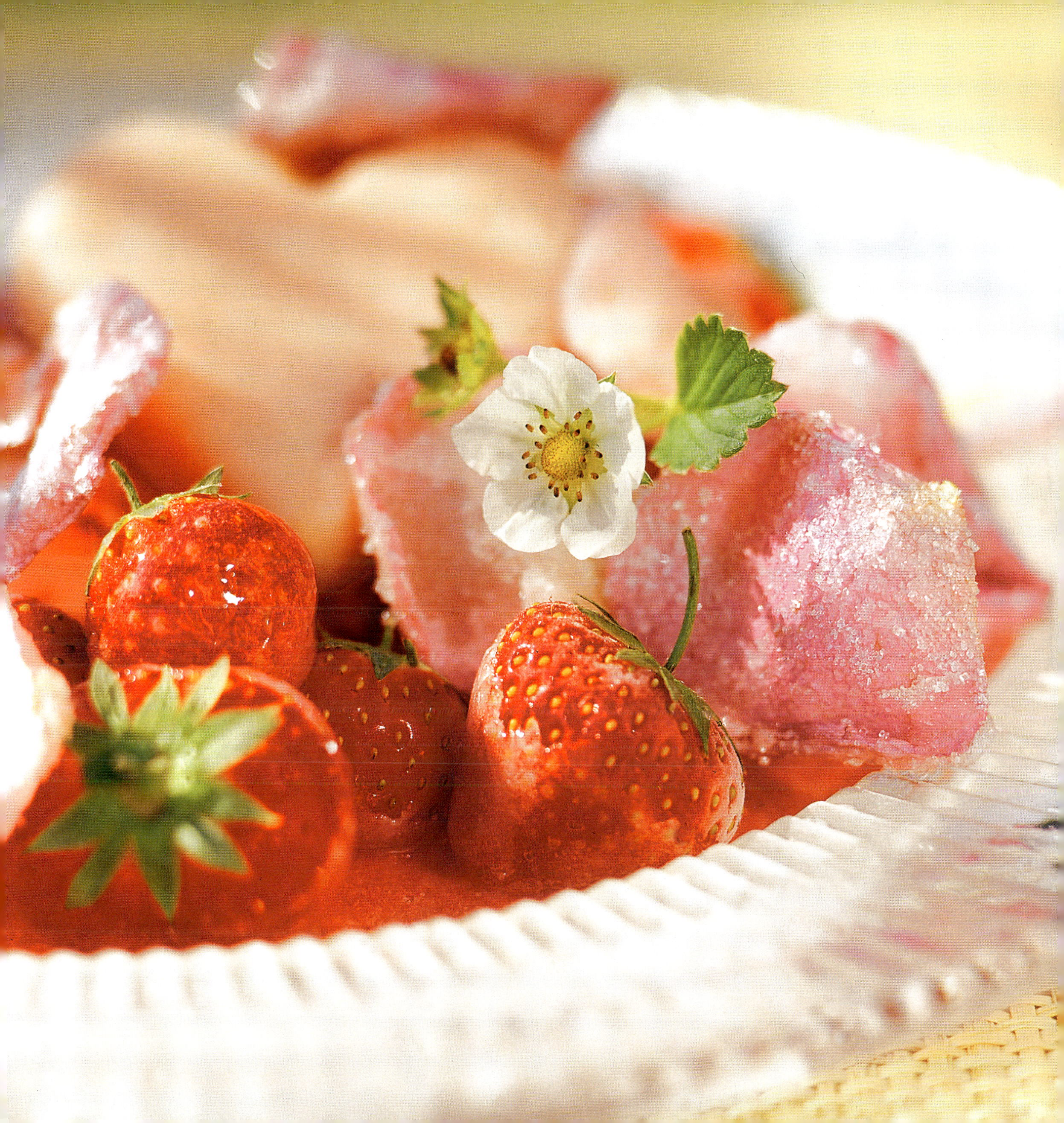

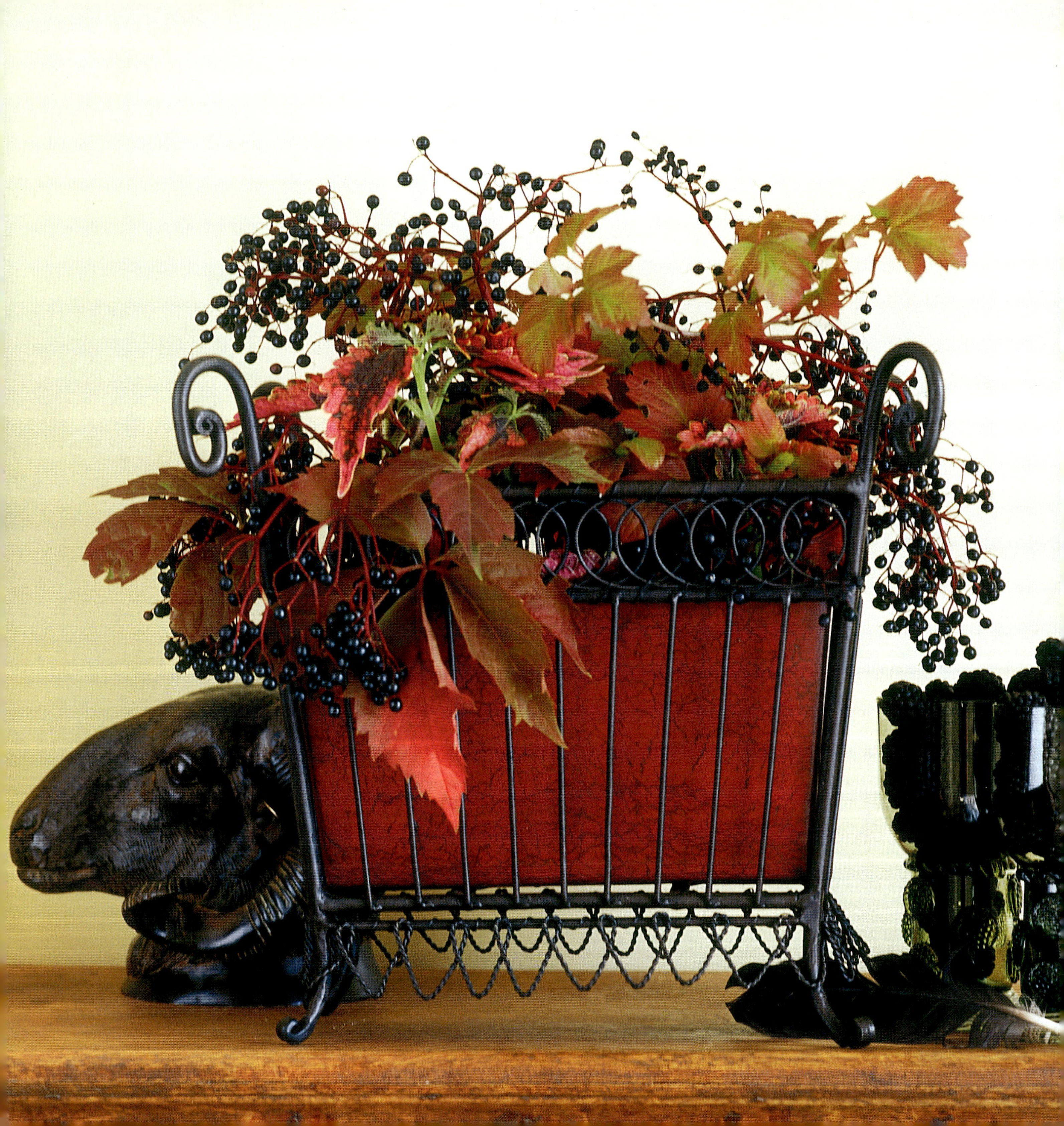

Das Böse ist manchmal verführerisch

Jegliche Frucht, die sich bei ihrer Reife schwarz verfärbt, wurde vom Volksglauben als eine Frucht Satans angesehen. Dass schwarze Beeren noch dazu meist in dunklen Wäldern oder am Waldrand wachsen, machte sie umso bedrohlicher, denn solche Orte galten als bevorzugte Treffpunkte von Hexen. Nesselartige Pflanzen und die rote Verfärbung des Laubes im Herbst betrachtete man ebenfalls als Werk des Bösen.

Solche Pflanzen gehörten nach dem Glauben der Menschen in die Hexenküche, in der Zaubertränke aus ihnen gebraut wurden. Alle diese Pflanzen dienten der Verehrung des Gehörnten. Eine schwarze Feder durfte dabei natürlich nicht fehlen.
Die schwarzen Früchte waren wegen ihres süßen Geschmacks sehr begehrt, aber gerade darin glaubte man die raffinierten Verführungskünste des Teufels zu erkennen, der mit dieser Süße die Menschen zum Bösen verführen wollte.

TODESBLUME

Sinnbild des Todes

Die Nelke wurde bereits im Mittelalter als Blume des Todes angesehen. Selten fehlt sie auf Darstellungen der Kreuzigung, und sogar bei Geburtsbildern Jesu weist sie auf seinen Tod hin. In dem einzelnen Blütenblatt sah man die Form eines Nagels. Die Verbindung zum Kreuzigungstod Jesu war schnell hergestellt.
In vielen Gebieten des deutschsprachigen Raumes werden Nelken auch „Nägeli" genannt: Die Wortverbindung zum Nagel ist nur allzu deutlich.

Die Bedeutung der Todesblume hat sich sehr lange gehalten. Bis vor wenigen Jahren war die Nelke als Friedhofsblume und als Blume für Trauerkränze ein absoluter Favorit.
Aus Nelken wurde hier eine Kugel gesteckt, die vor zwei Urnen in einer Nische steht. Die Form der Kugel und die Farbe Weiß drücken aus, dass das Leben nur körperlich ein Ende gefunden hat. Der Geist des Verstorbenen wird jedoch ewig und in vollkommener Reinheit bestehen bleiben.

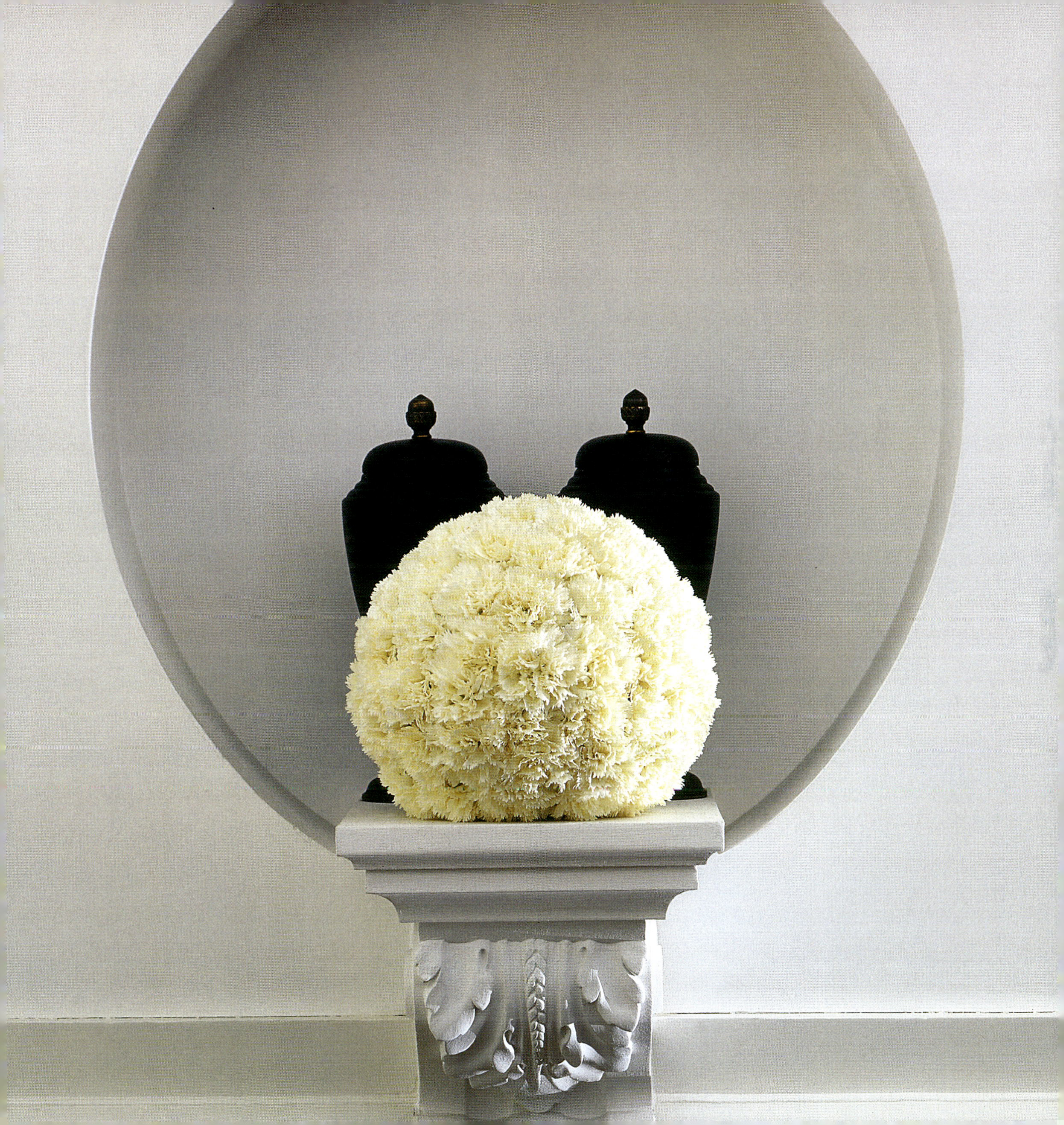

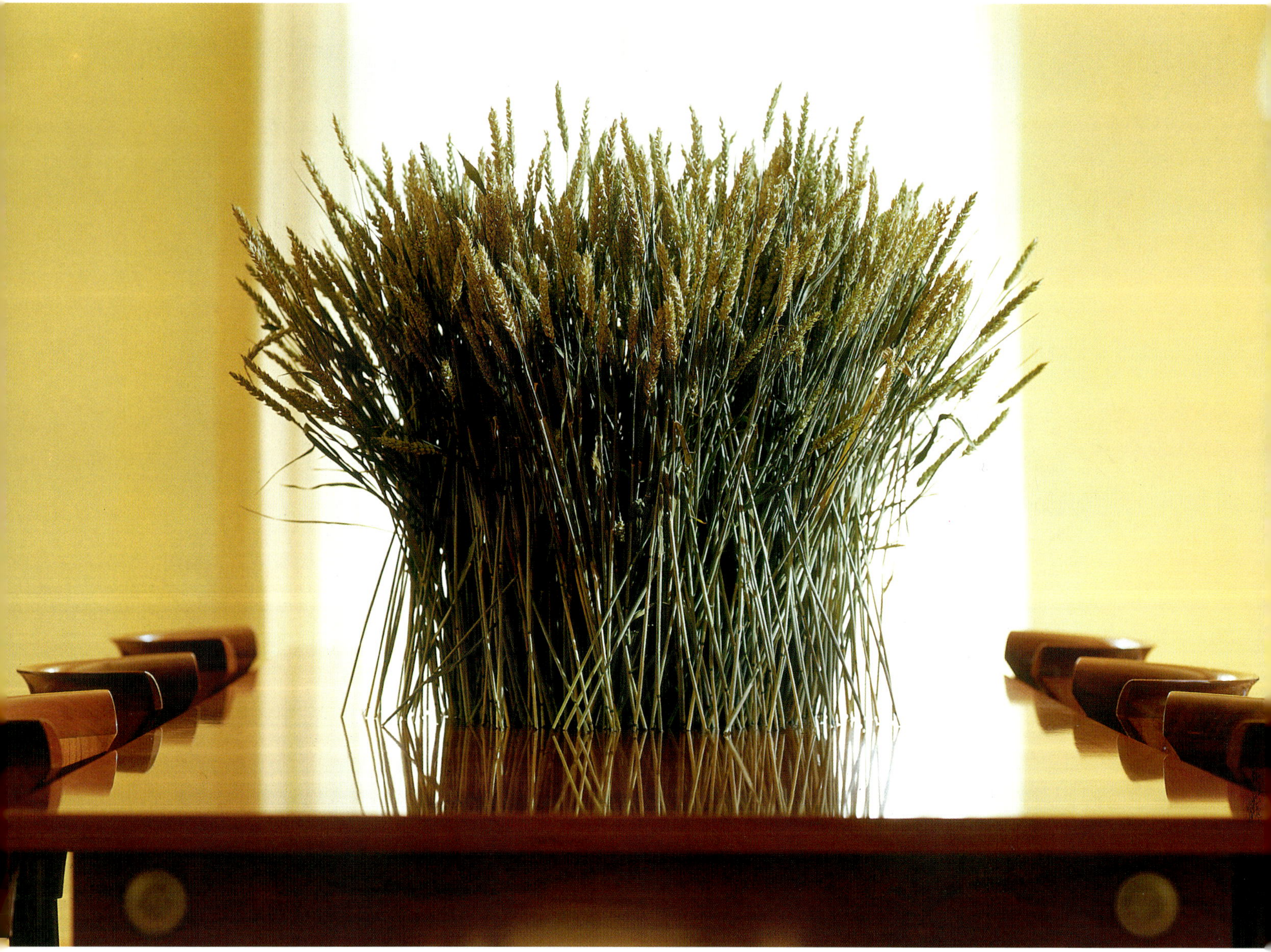

BROT UND WEIN

Die heilige Frucht

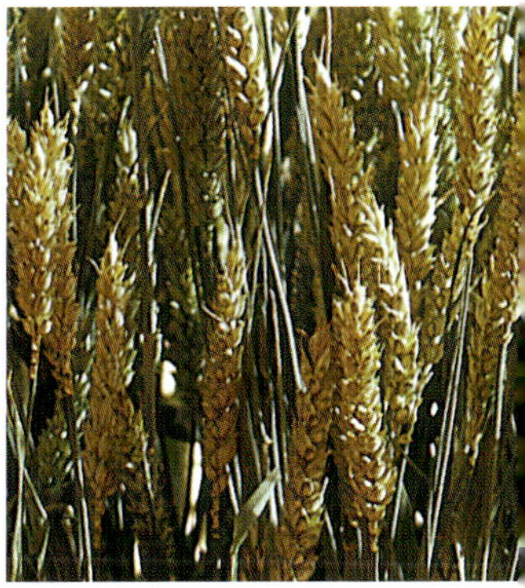

Wohl keine Pflanzengruppe hat für die Menschheit eine so elementare Bedeutung wie das Getreide. Die menschliche Existenz ist vom Getreide abhängig. Früher brachte man ihm großen Respekt entgegen, sein Status wurde von vielen Menschen als gesegnet angesehen.
In der christlichen Kirche versinnbildlicht Getreide in Form von Brot den Leib Christi. In der christlichen Messe oder beim Abendmahl verwandelt sich Brot in das Fleisch Christi. Es ist damit eines der hochrangigsten christlichen Symbole.

Auf vielen Gemälden, die die Geburt Jesu darstellen, liegt das Neugeborene auf Getreide, das häufig strahlenförmig angeordnet ist. Weizen wird dabei meist in Gold dargestellt, der Farbe göttlicher Herrschaft schlechthin.
Durch das Verspeisen des Getreides wird der Mensch gesegnet. Im Akt des Essens wird ein Opfer vollzogen, das die Menschen mit Gott verbindet.

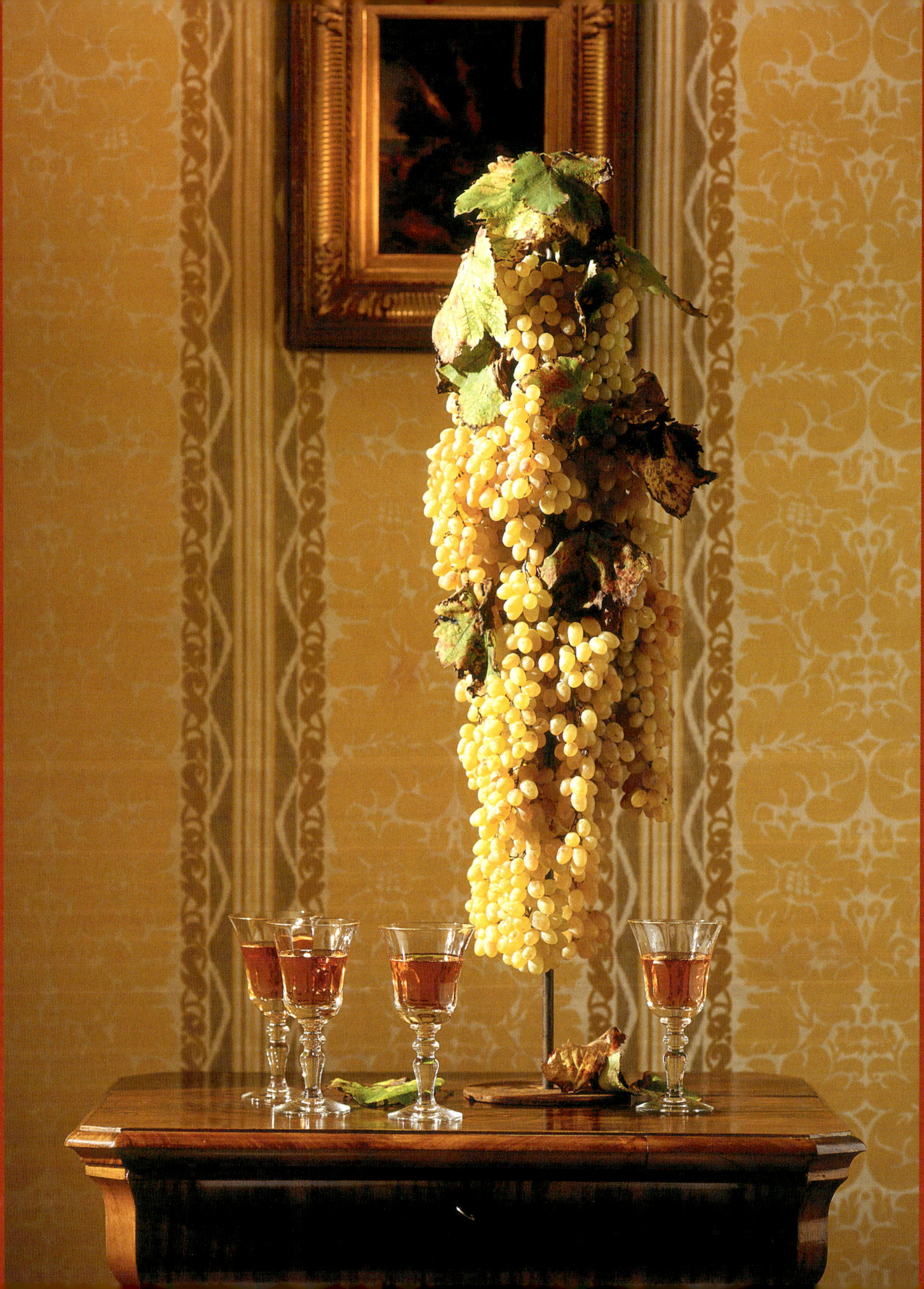

Der Saft des Lebens

Wein ist das trinkbare Pendant zum Brot. In vielen Kulturen gehört der Genuss von Wein zu den religiösen Handlungen, mit denen Gott verehrt wird. Opfergaben in Form von Wein sind aus allen antiken Religionen bekannt. Den Gläubigen des Islam wiederum wird der Genuss von Wein im Paradies versprochen, wenn sie ein gottgefälliges, alkoholfreies Leben geführt haben. Christen sehen im Messwein das Blut Christi, das er opferte um die Menschen vom Tod zu befreien. Wein kann also als Saft des Lebens angesehen werden. Er berauscht aber auch, und diese Tatsache war besonders wichtig für die lebensfrohen Griechen. Sie weihten den Weinstock dem trunkenen Gott Dionysos, der ihnen so manches Fest in fröhlicher Runde versprach.

Symbol der Vollkommenheit

„Alle Augen starrten gebannt, geschützt von dunklen Gläsern, in den Himmel und warteten darauf, das Wunder zu sehen, das die Astrologen des Reiches vorhergesagt hatten. In wenigen Augenblicken würde der strahlende Gott Helios seine dunkle Schwester Selene treffen. Auf ihrer Reise über den Himmel würden sich die beiden für einen kurzen Moment berühren. Wir hatten uns auf Capri versammelt, um dieses Phänomen zusammen mit dem Caesar zu erwarten. Der Caesar war im Alter immer abergläubischer geworden. Die Priester und Quacksalber würden ihn bestimmt mit den schlimmsten Deutungen traktieren, um ihn immer mehr in ihre Abhängigkeit zu zwingen.
Plötzlich war ein Raunen zu hören und ich wusste, dass Selene angefangen hatte ihren strahlenden Bruder zu umarmen. Nun würden im ganzen Reich die Feierlichkeiten in den Tempeln beginnen, die ihren Höhepunkt erreichen sollten, wenn die dunkle Schöne der Nacht das helle Tagesgestirn fast ganz bedeckte. Und nun war es fast soweit, nur noch wenige Momente und man würde den hellen Strahlenkranz, die Corona, aufblitzen sehen ..."

Eine totale Sonnenfinsternis gehört zu den aufsehenerregendsten Phänomenen, die die Menschheit kennt. Sogar heute sind die Menschen fasziniert, wenn sie eine Sonnenfinsternis miterleben können. Was dieses Himmelsschauspiel bei den Frühmenschen ausgelöst haben mag, ist dabei vielleicht ein wenig vorstellbar. Es muss als unbegreiflich angesehen worden sein. Mit Sicherheit glaubten die Menschen an eine himmlische Macht, an einen Streit des Lichtes mit der Dunkelheit. Dass die Dunkelheit nicht ganz siegen würde, erkannte man an der Corona, dem Strahlenkranz, der auch im dunkelsten Moment noch Licht verkündete. Die Form des Strahlenkranzes verkörperte den Sieg des Lichtes und damit alles Guten über das Böse, über die Dunkelheit.

Kränze gehören zu den ältesten Formen, die eine religiöse Verehrung erhielten. Die Kranzform steht für die Vollkommenheit, für den Geist und für die Ewigkeit.

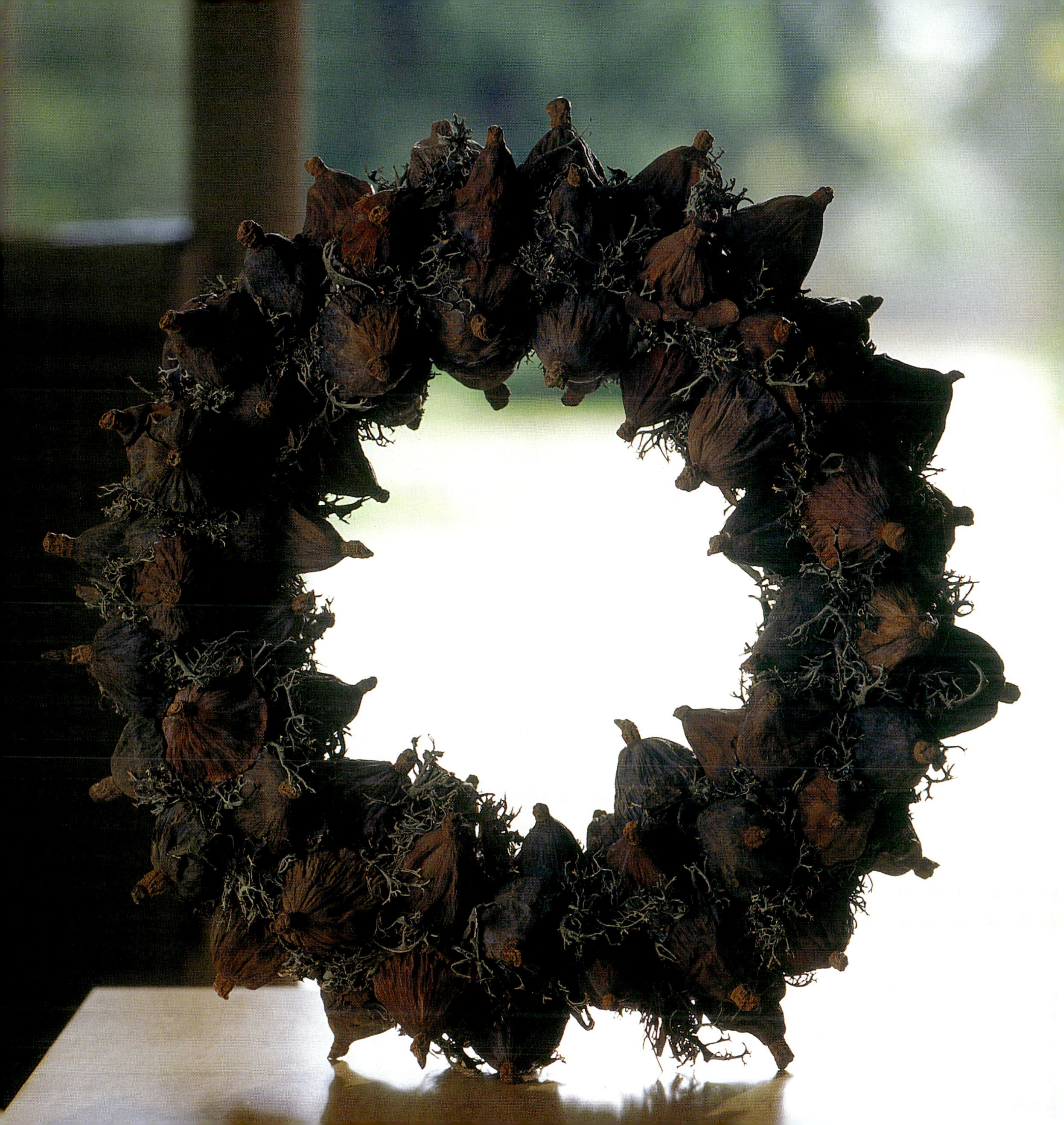

DER KRANZ

Ein Weiterleben nach dem Tod

Der Kranz erhielt seine Bedeutung als Ausdruck von Ewigkeit und Unendlichkeit schon früh und stand symbolisch in direkter Verbindung zum Göttlichen. Immer wieder ist in den Totenbüchern der Ägypter vom Rechtfertigungskranz die Rede, der für den Verstorbenen bei bestimmten Stationen seiner Reise durch die Unterwelt in die Ewigkeit vorgezeigt werden musste. Im Grab von Tutenchamun wurde ein solcher Kranz, der um den Geier und die Kobra der Königsmaske gewunden war, gefunden.
Kränze waren also schon sehr früh ein Bestandteil der Beisetzungsrituale und gehören damit zum ältesten Kulturgut der Menschen.

Die pflanzlichen Materialien, mit denen Trauerkränze gestaltet werden, drücken die Vergänglichkeit des irdischen Lebens aus. Die Kranzform selbst jedoch symbolisiert den Eingang der Seele in die Ewigkeit.
Gerade im Sterben oder wenn sie den Tod unmittelbar um sich erleben, suchen die Menschen die Nähe zum Göttlichen. In der Kranzform finden sie eine Verbindung mit der Ewigkeit.

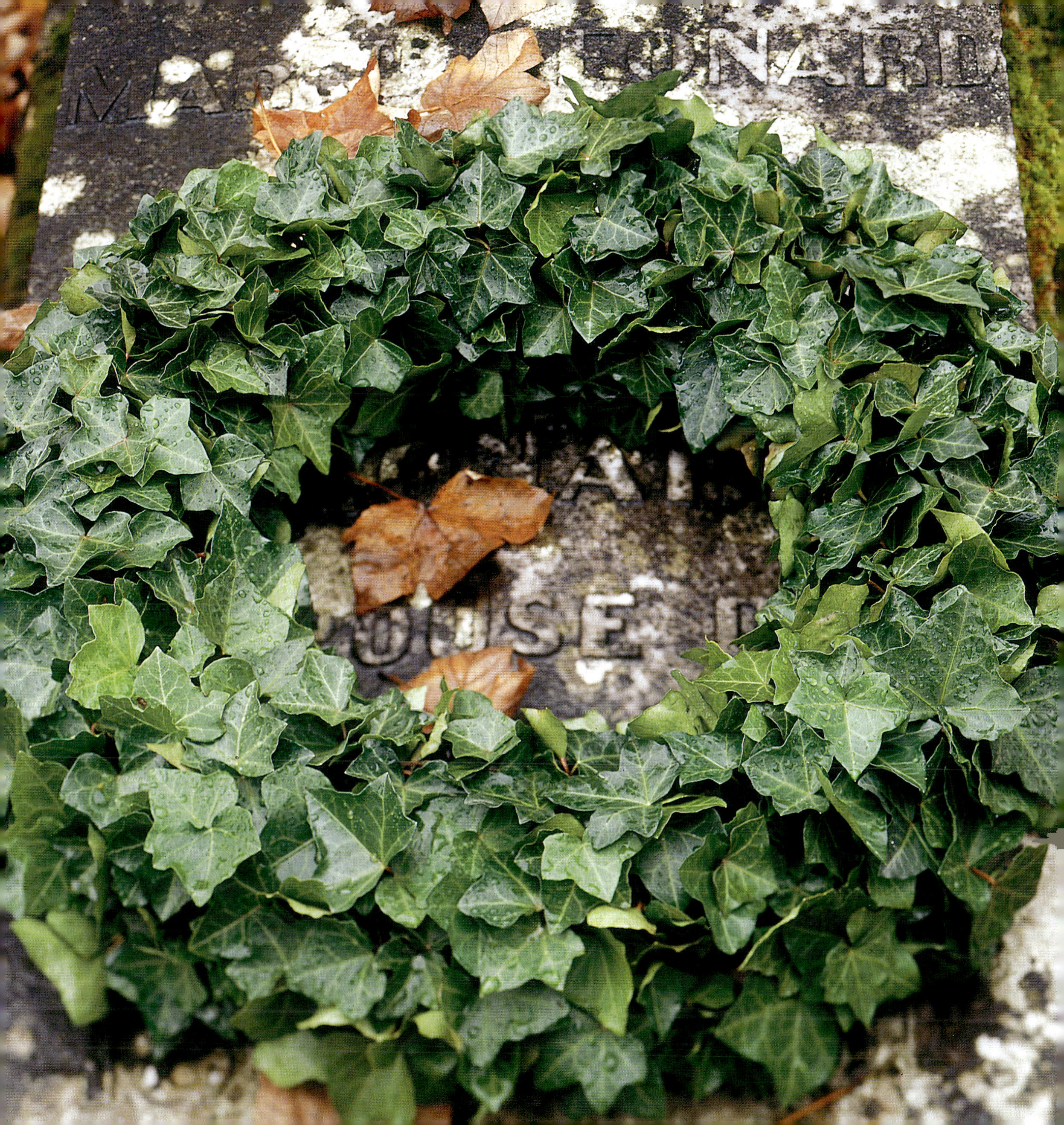

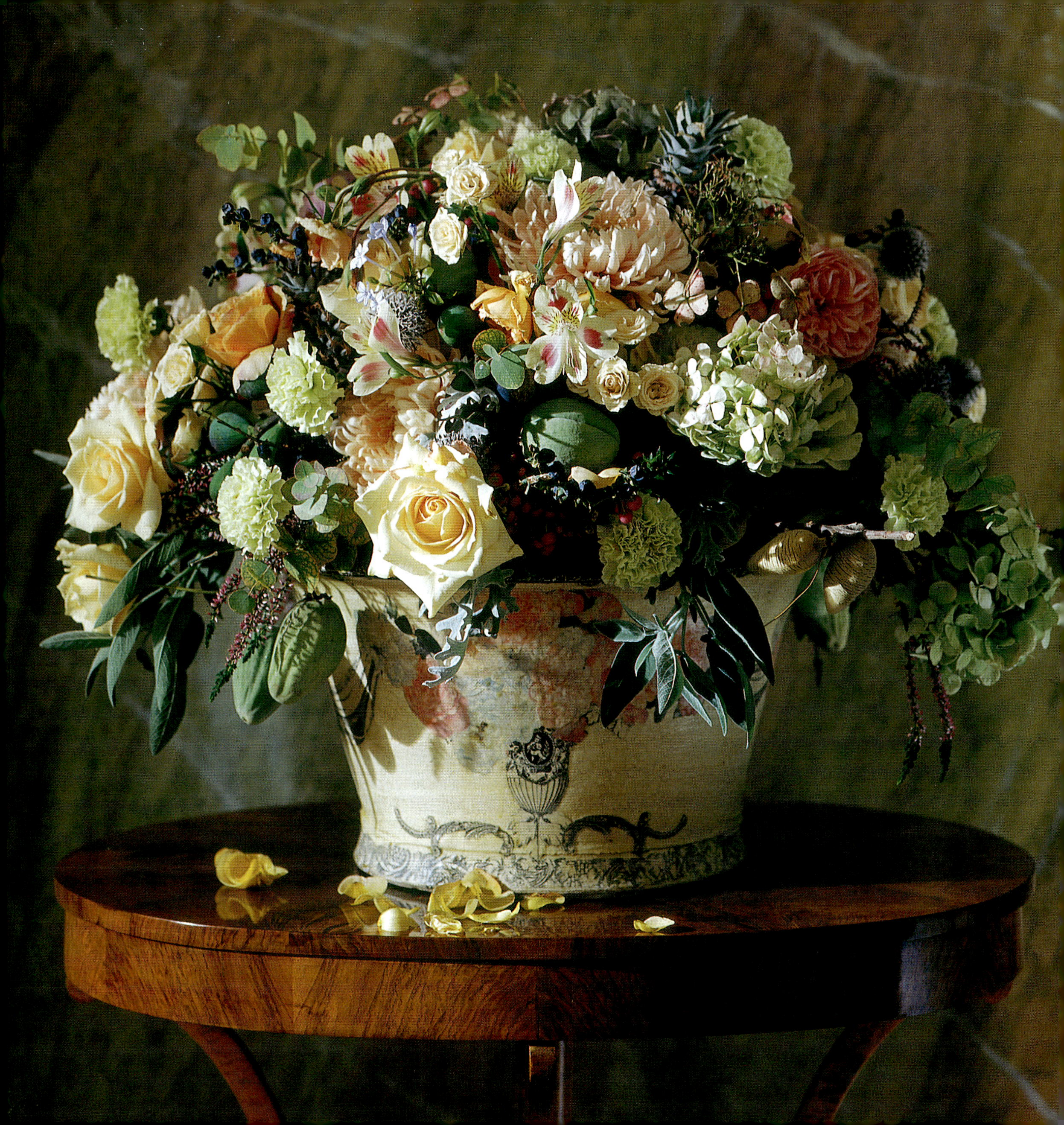

Carpe Diem – „Nutze den Tag!"

Ein hinreißendes Arrangement, wunderbare Blüten, leuchtende Farben, eine berauschende Üppigkeit, Überfluss in jeglicher Hinsicht. Das Leben ist reich und schön! Ja, wenn da die Vergänglichkeit nicht wäre ... Denn alles Schöne hat ein Ende und auch der Reichtum ist nichts Immerwährendes, im Gegenteil, er trennt uns vielleicht von einer schönen Ewigkeit.

Dieses barocke Stillleben symbolisiert die Zwiespaltigkeit des Moments: Man soll sich nicht nur der schönen Oberflächlichkeit hingeben, nicht jeden Moment des Lebens so leben, als gäbe es unbegrenzt viele schöne Augenblicke. Schönheit ist vergänglich und wer sein Leben nur auf Schönheit aufbaut, wird in einem bitteren Alptraum erwachen.

Die Blumen erzählen von der Schönheit des Augenblicks. Sie fordern auf diesen einen Moment zu genießen und bewusst zu erleben, der bald vergangen sein wird. Eine einzige Blume in diesem Arrangement gibt schon einen versteckten Hinweis darauf. Man beachtet sie am Anfang vielleicht gar nicht so sehr, viele werden sie nicht einmal bemerken, aber sie ist da. Diese Blüte ist bereits am Verblühen. Sie erzählt von der Sterblichkeit der Dinge, während die anderen Blumen so aussehen, als wäre das Leben ein nie endendes Fest.

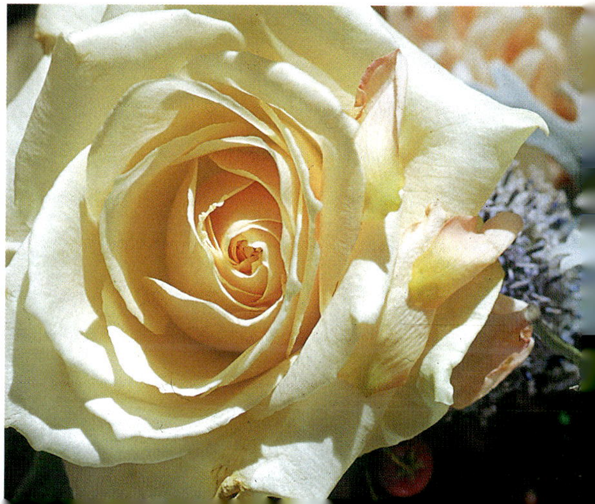

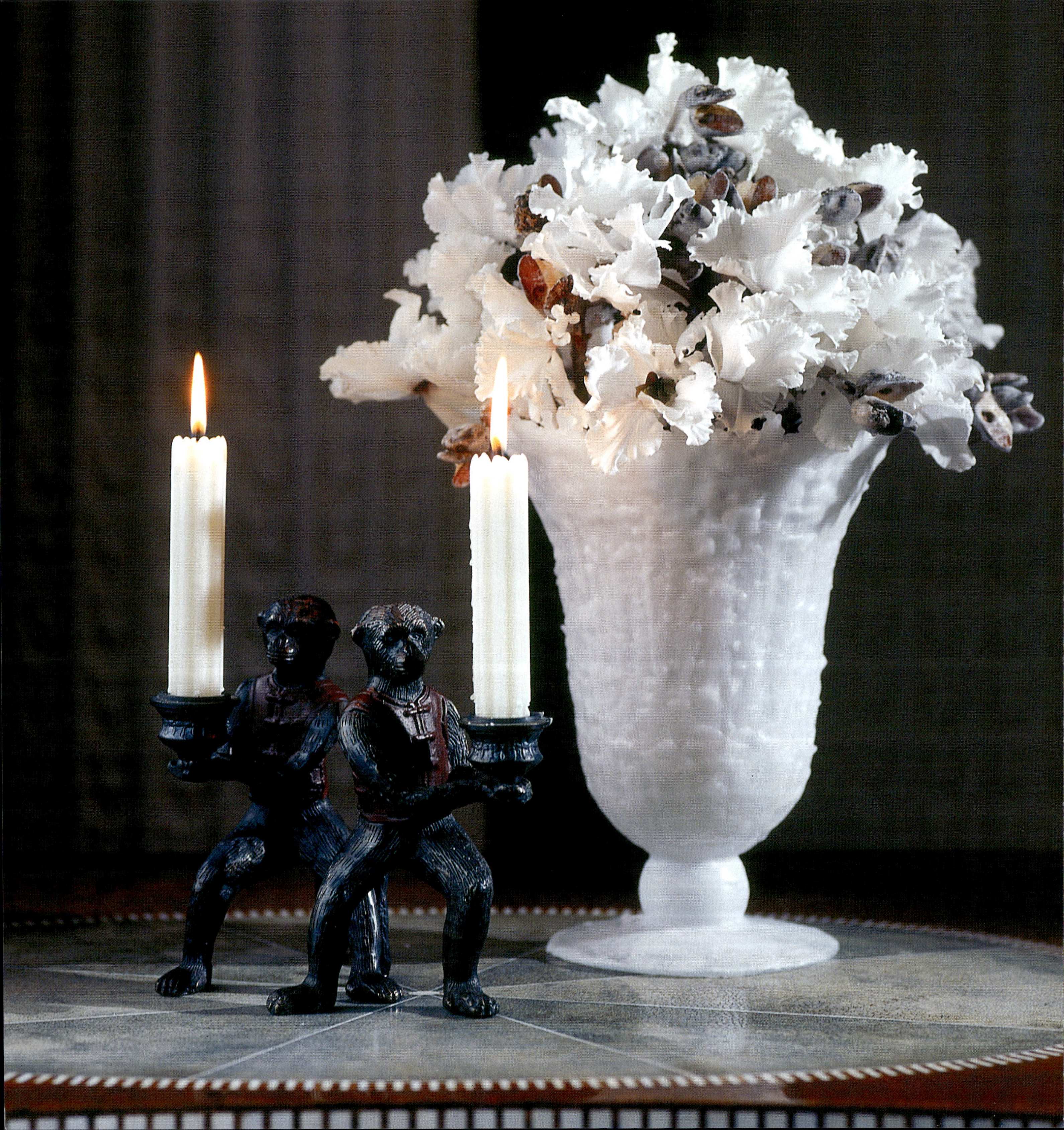

Das Leben ist ein Märchen

Alles ist weiß und rein, alles ist glitzernd und festlich. Die Menschen sind Prinzen und Prinzessinnen, die in einem glücklichen Reich leben, in dem es an nichts fehlt. Alle sind glücklich und lächeln und kennen keine Mühsal. Die Körper der Menschen bleiben immer schön und begehrenswert, denn ...
Das Leben ist ein Märchen.
Der Winter ist die schönste Jahreszeit. Natürlich nur der Winter, bei dem die Landschaften weiß überzuckert sind, die zugefrorenen Seen zum Schlittschuhlaufen einladen und man sich wie im Reich der Schneekönigin fühlt. Man liebt das Ironische, das Witzige, das Groteske. Eine wunderschöne Welt, die alles Hässliche verbannt und in der man das Elend nicht sehen will, denn ...
Das Leben ist ein Märchen.
Man gestaltet die Dinge um, verändert, verkünstelt das Natürliche, alles muss übersteigert und ungewöhnlich sein. Blumen werden in ihrer Form verändert, Früchte vom anderen Ende der Welt werden herangeschafft, Schminke verwandelt Gesichter in Masken, Gullivers Welt wird als Realität angesehen, denn ...
Das Leben ist ein Märchen.

Rokoko ... Das Leben ist ein Märchen.

Leben wir heute vielleicht auch in einem Märchen?

Die Natur verabschiedet sich überschwänglich

Früchte verkörpern den Reichtum der Natur. Mit Früchten verschenkt sich die Natur, mit Früchten überlebt sie aber auch. Beeren, Früchte, Samenstände sprechen vom Überleben. Sie sind die Arche Noah der Natur, in der sie den Winter übersteht. Früchte sind das Bett, in das sich die Natur legt um während des Winters zu ruhen. Früchte sind der wahre Schatz der Natur, der so reichlich vorhanden ist, dass nicht nur die Pflanzenwelt durch sie überleben kann, sondern auch Tier und Mensch. Der Zyklus der pflanzlichen Natur ist wechselseitig: Während sie auf der einen Hälfte der Erde fruchtet, fängt das Blühen auf der anderen Seite an. So befindet sich die Natur im ständigen Ausgleich mit sich selbst und wir können daran Anteil haben.

Früchte und Beeren sprechen unseren Urinstinkt an, denn der Mensch ist auch heute noch vom Reichtum der Pflanzenwelt abhängig und sollte diesen Kostbarkeiten mit großer Wertschätzung begegnen.

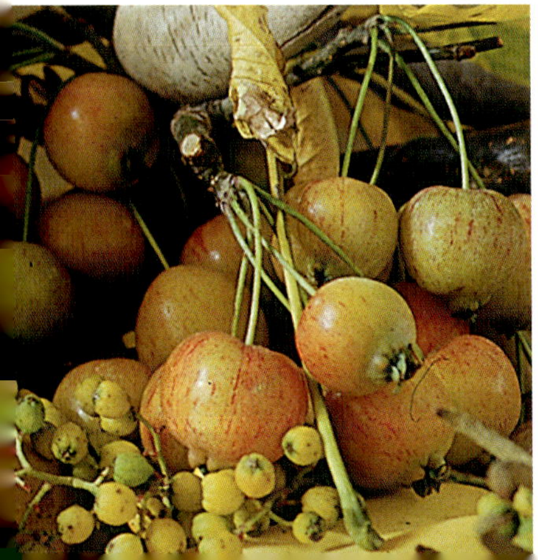

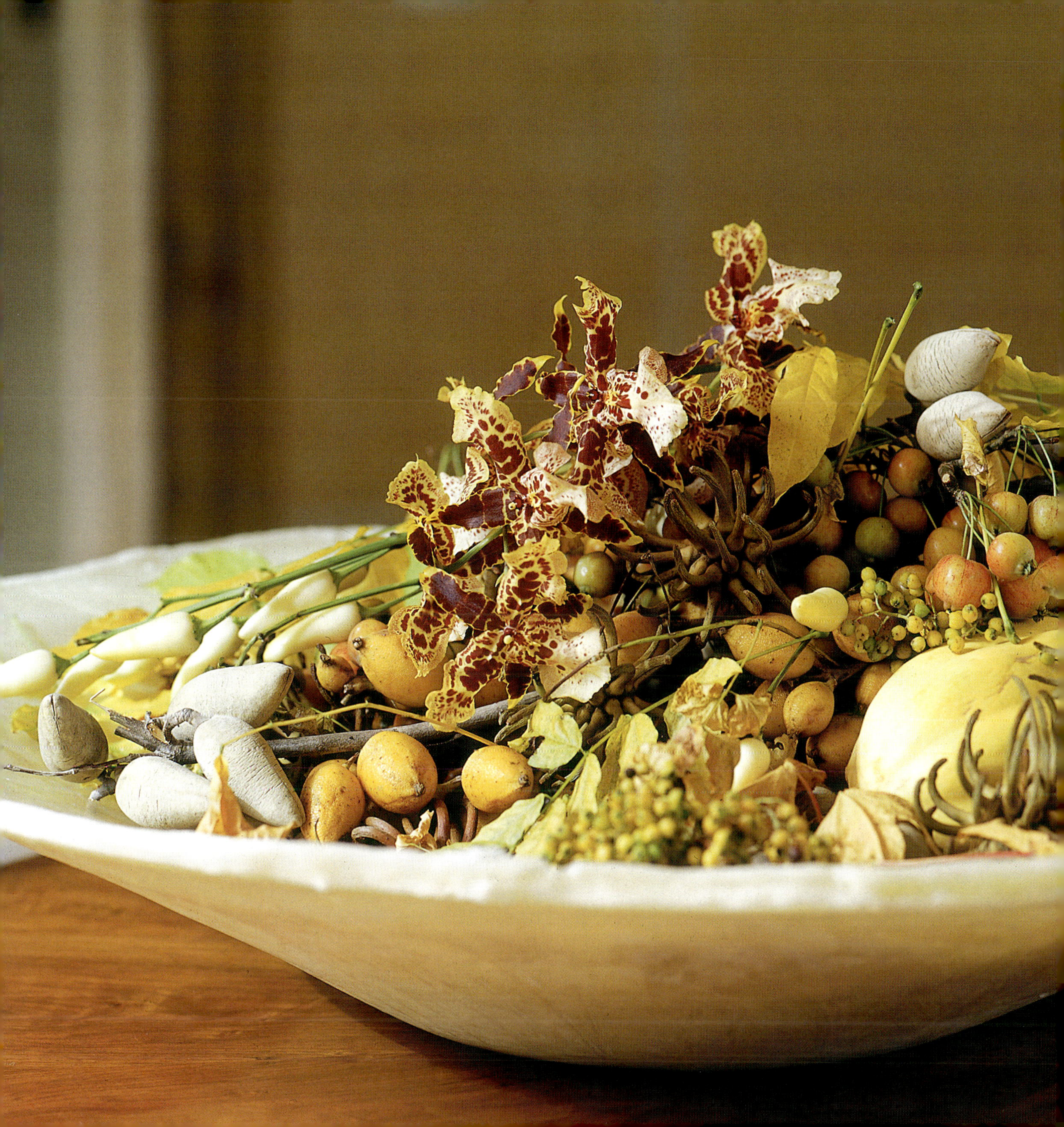

HERBST

Stachelige Kostbarkeit

Die Kastanie ist heimisch und fremd zugleich, glatt und stachelig zugleich, wertvoll und gering geschätzt zugleich. Bei dieser Darstellung wird der Kastanie jegliche Rustikalität genommen. Ihre Oberfläche wirkt kostbar wie exotisches Holz.

In einem neuen Zusammenhang beginnt man die Dinge neu zu betrachten. Die Kastanie ist das Sinnbild der rauen Schale, in der ein kostbarer Kern liegt. Sie hat eine Oberfläche, an der man sich stechen kann. Nur wer sich die Mühe macht und nicht vor den Stacheln zurückschreckt, kommt an die wahre innere Kostbarkeit heran.

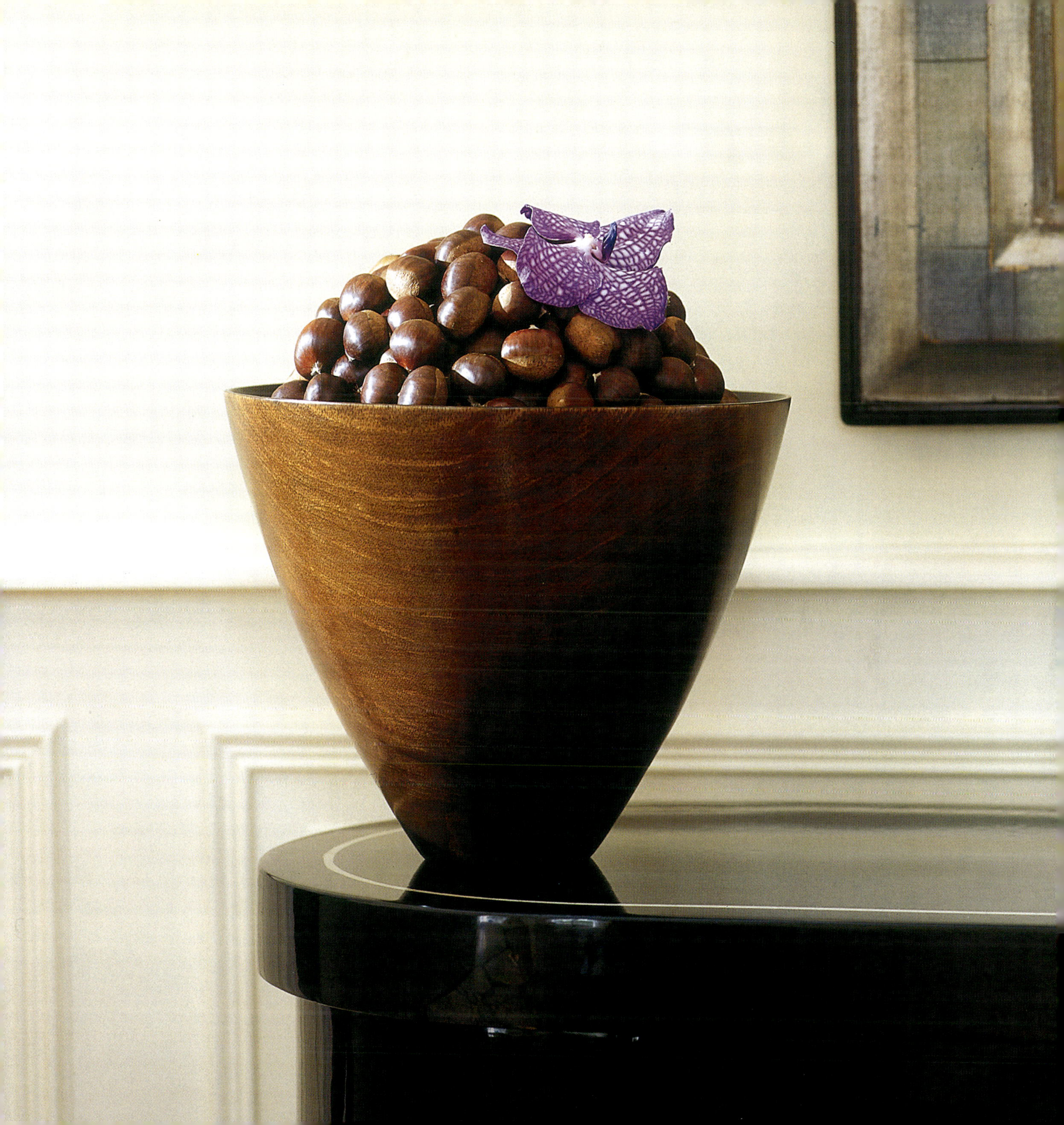

Halloween

In der Nacht zum 1. November erheben sich die Toten aus ihren Gräbern um die Lebenden aufzusuchen. Es sind die Seelen der Untoten, die in dieser Nacht wieder in einen menschlichen Körper zurückkehren können.
Bereits die Kelten, die Iren und die Germanen glaubten an diese Seelenwanderung. Sie verbanden furchtbare Ängste mit der Vorstellung, ein solcher Untoter könnte in das Haus gelangen und die Menschen bedrohen. Aus diesem Grund schnitzten schon unsere Vorfahren aus ausgehöhlten Zuckerrüben Gesichter und Köpfe. In die Früchte wurden Kerzen gestellt. So hatte man eine ganze Armee zur Verfügung, die das Haus beschützen konnte und den Untoten Angst einjagen sollte. Die Feste, die in dieser Nacht gefeiert wurden, waren aber keineswegs gruselig: Schon die Kelten feierten sie ausgelassen, denn so gut beschützt brauchte man ja keine Angst zu haben.
Die europäischen Auswanderer brachten diese Bräuche nach Amerika. Dort wurde die Tradition dann noch viel stärker gelebt als in Europa. Anstelle der Zuckerrüben verwendete man Kürbisse, der Kürbis wurde so zum Inbegriff von Halloween. Für die Amerikaner ist Halloween eines der großen Feste, das mit ausgelassenen Partys und vielen Spielen in der Familie gefeiert wird. Verkleidungen gehören dazu und die Menschen lieben es, sich an diesem Tag gegenseitig zu erschrecken. Natürlich gibt es Kürbisgerichte wie etwa Kürbissuppe oder Kürbisbrot; Essen spielt überhaupt eine sehr wichtige Rolle bei diesem Fest.

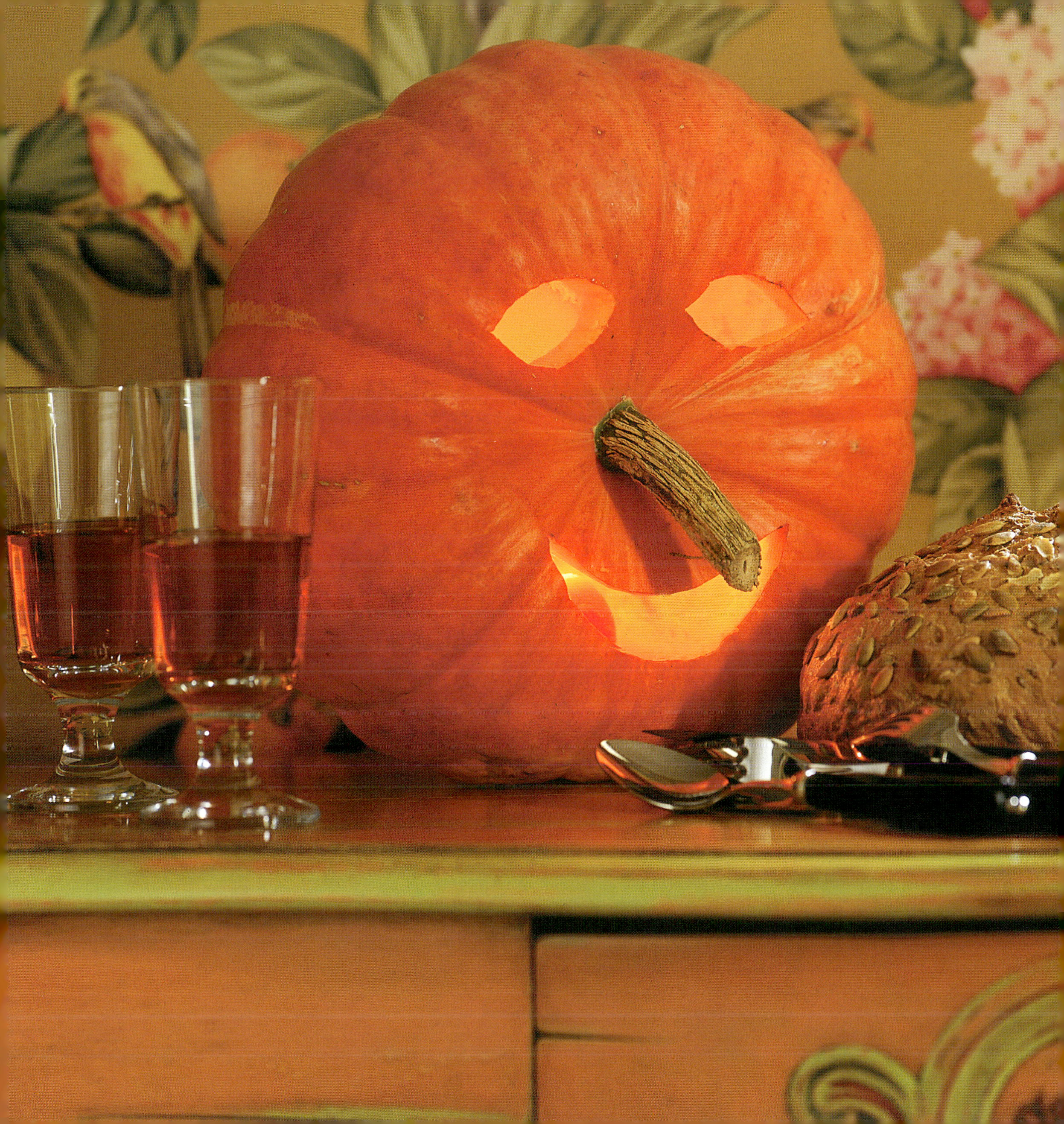

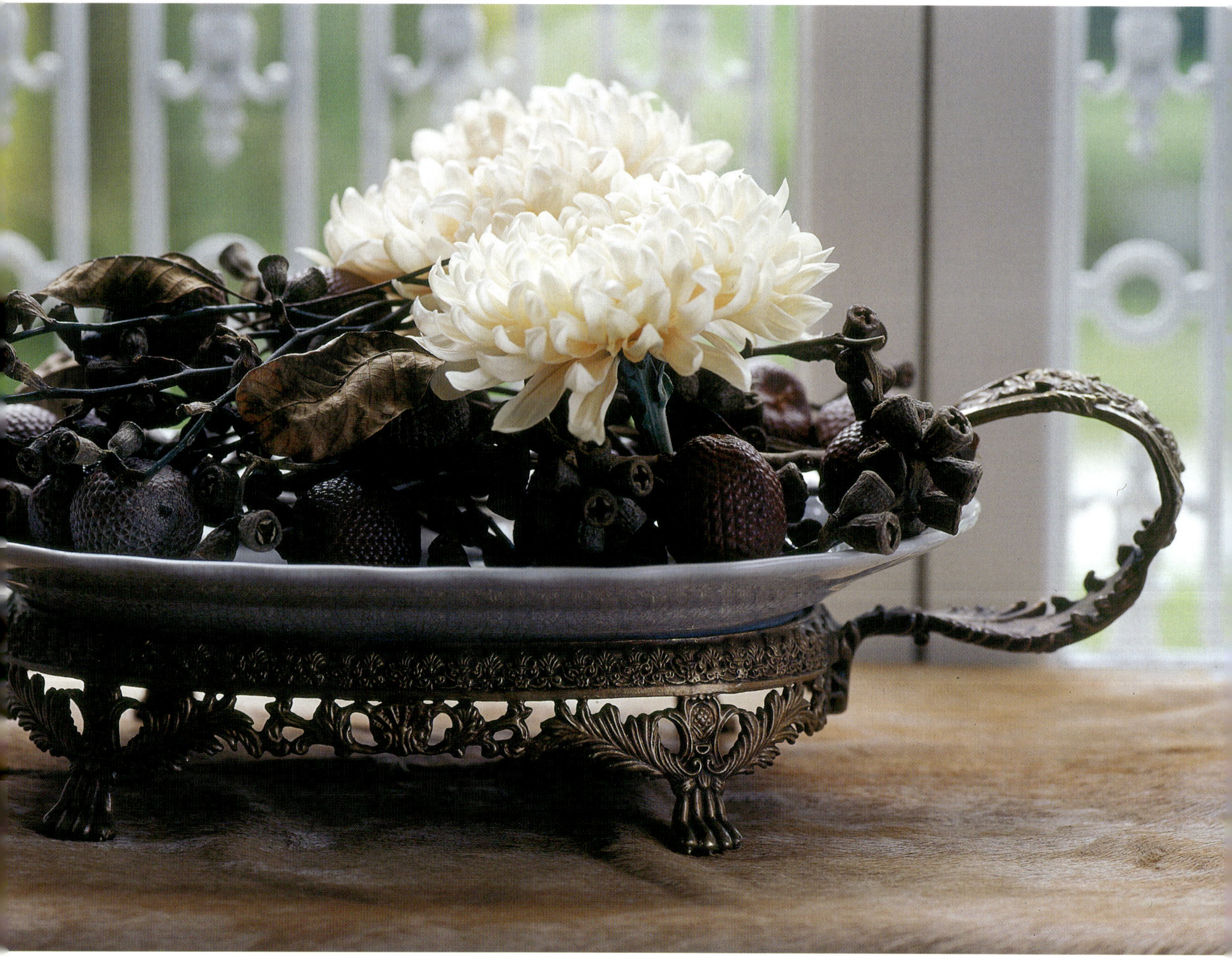

Der Chrysanthementhron

Seit dem 12. Jahrhundert ist die Chrysantheme die Symbolblume Japans und ganz besonders des Kaiserhauses. Der Sohn der Sonne sitzt auf einem Chrysanthementhron und beherrscht sein Reich. Die Chrysanthemen waren aus China eingeführt worden, wo sie für ein langes Leben standen. Das japanische Kaiserhaus übernahm diese Bedeutung. Zeitweise war es nur dem kaiserlichen Haushalt erlaubt Chrysanthemen im Garten zu kultivieren oder als Schmuck in den Palästen zu verwenden.

Die Chrysantheme ist eine der noblen Blumen. Sie drückt Eleganz, aber auch kostbaren Reichtum aus, auch wenn sie sehr häufig für den Friedhof verwendet wird. Sicher ist keine Blume zu schade um auf dem Friedhof die Toten zu ehren. Man wird aber der Chrysantheme nicht gerecht, wenn man sie nur in dieser Verbindung sieht.
Mit der Chrysantheme verabschiedet sich der Herbst noch einmal furios und großartig, denn sie kann manchmal noch blühen, wenn die anderen Pflanzen schon trocken oder erfroren sind.

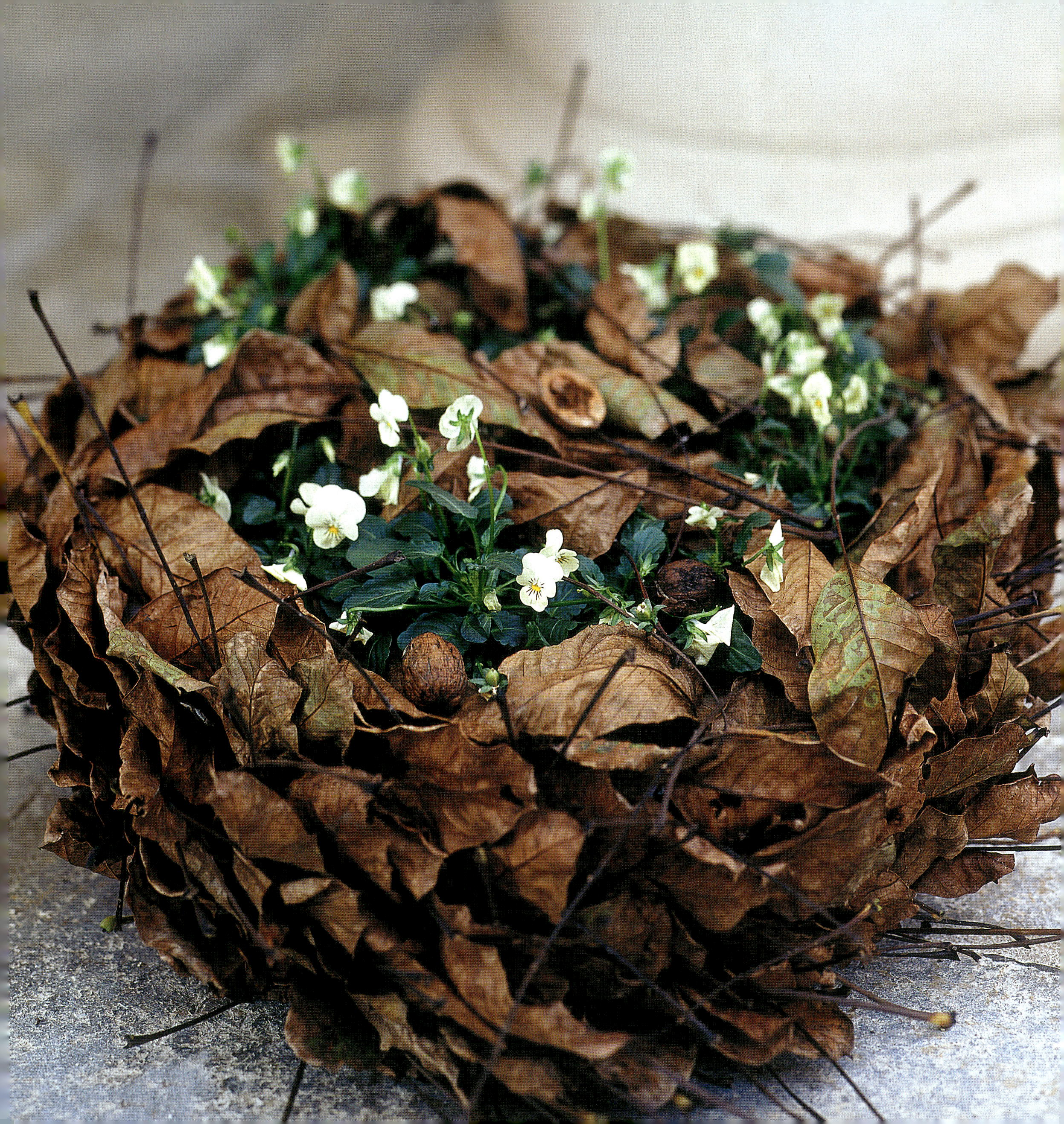

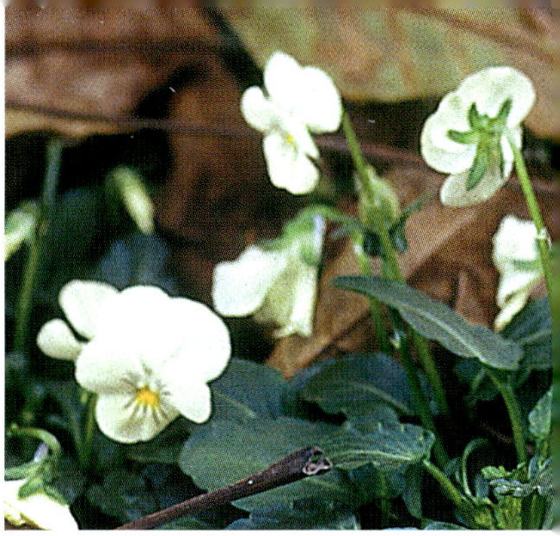

Bescheidenheit ist eine Zier

Der etwas seltsame Name Stiefmütterchen passt eigentlich gar nicht so recht zu dieser kleinen, zierlichen Blüte, die von so vielen geliebt wird. Diesen Namen kennt auch nur der deutschsprachige Raum. Man führt ihn auf den Aufbau der Blüte zurück, wobei das am stärksten gezeichnete Blütenblatt in der Mitte die Mutter darstellt, die benachbarten, etwas weniger gezeichneten die Töchter und die oberen, gar nicht gezeichneten Blütenblätter eben die Stiefkinder sind. In französischsprachigen Ländern nennt man die Blume „Pensée", was so viel bedeutet wie Gedanke oder auch Erinnerung. Hier steht die kleine Blüte also in Verbindung zum Vergissmeinnicht.

In allen Ländern, in denen man das Stiefmütterchen kennt, gilt es aber auch als der Inbegriff der Bescheidenheit und der Zurückhaltung. Gerade diese Tatsache wird bei der kleinen Blüte so sehr bewundert, denn sie könnte bei näherer Betrachtung auch mit einer Orchideenblüte konkurrieren. Dennoch tut sie sich nicht hervor und genießt es offenbar sehr mit anderen der gleichen Art in Erscheinung zu treten. Gerade wenn sie sich als Gemeinschaft zeigen, sind die Stiefmütterchen eine wirkliche Zierde für den Garten, aber auch jedes einzelne ist bewundernswert.

Feuer

Feuer ist zerstörend und erschaffend zugleich. Immer folgt der Zerstörung durch das Feuer eine neue Schöpfung. Feuer bereitet das Feld für neues Wachsen. Feuer lässt Altes verschwinden um Neuem Platz zu machen. Feuer ist reinigend, und so galt himmlisches Feuer immer als vollkommen rein. Tempelfeuer wurden mithilfe von Hohlspiegeln entzündet oder man nutzte ein vom Blitz entfachtes Feuer. Kein heiliges Feuer durfte mit der Erde in Verbindung stehen. Die Hüterinnen des Feuers, wie beispielsweise die Vestalinnen in Rom, mussten rein, also jungfräulich sein.

Zum Element Feuer gehören die Sternzeichen Widder, Löwe und Schütze. Menschen mit diesen Sternzeichen sind häufig impulsiv und begeisterungsfähig, sie können aber auch weit über das Ziel hinausschießen. Menschen des Feuerelements streben nach den höchsten Formen des Seins, sind dabei aber manchmal unfähig sich selbst in Frage zu stellen.

Lavagestein verkörpert das Element Feuer. Glühende Lava zerstört alles, was mit ihr in Berührung kommt. Ist sie allerdings wieder erhärtet und verwittert, dann können in dieser fruchtbaren Erde Pflanzen gedeihen.

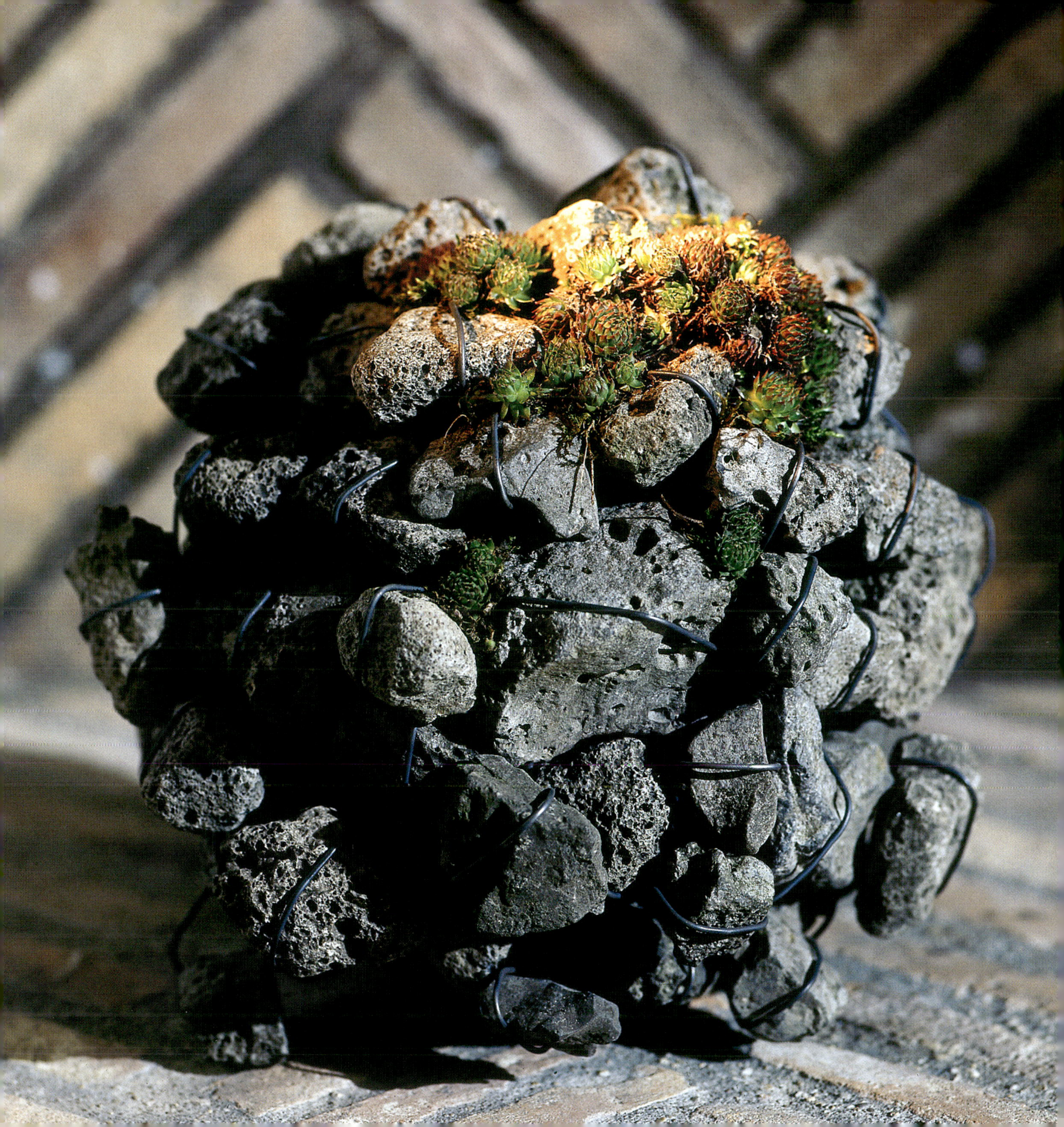

Wasser

Wasser fließt in der Natur von der Höhe hinab und sammelt sich am tiefsten Punkt. Stets ist Wasser bewegt, prallt bei Sturmflut gegen die Küsten, zieht sich bei Ebbe zurück. Die Sonne lässt das Wasser verdunsten, damit es als Regen wieder zur Erde herabfällt. Wasser ist grenzenlos, denn trotz Staumauern oder Uferböschungen sind seine Grenzen doch ständig in Bewegung. Wasser ermöglicht Leben, mit Wasser wird getauft und in die Gemeinschaft aufgenommen. Wasser reinigt das Verschmutzte, nimmt alles mit sich und spült alles fort.

Zum Element Wasser gehören die Sternzeichen Krebs, Skorpion und Fische.
Im Element Wasser sind die Menschen zu Hause, die aus ihrem Innersten schöpfen und die Stimmungen der Seele in unterschiedlichster Art zum Ausdruck bringen. Es sind die sensiblen Menschen, die Einfühlsamen und Trostspender. Immer wieder besteht aber auch die Gefahr, dass die Fähigkeit sich in sich selbst zurückzuziehen den Wassermenschen zum Leid führen kann. Diese Menschen haben tausend Gesichter, die sich immer wandeln.
Symbole für Wasser sind das transparente Glas, der reflektierende Spiegel, die im Wasser lebenden Muscheln und der aus den Tiefen des Wassers aufsteigende Lotos.

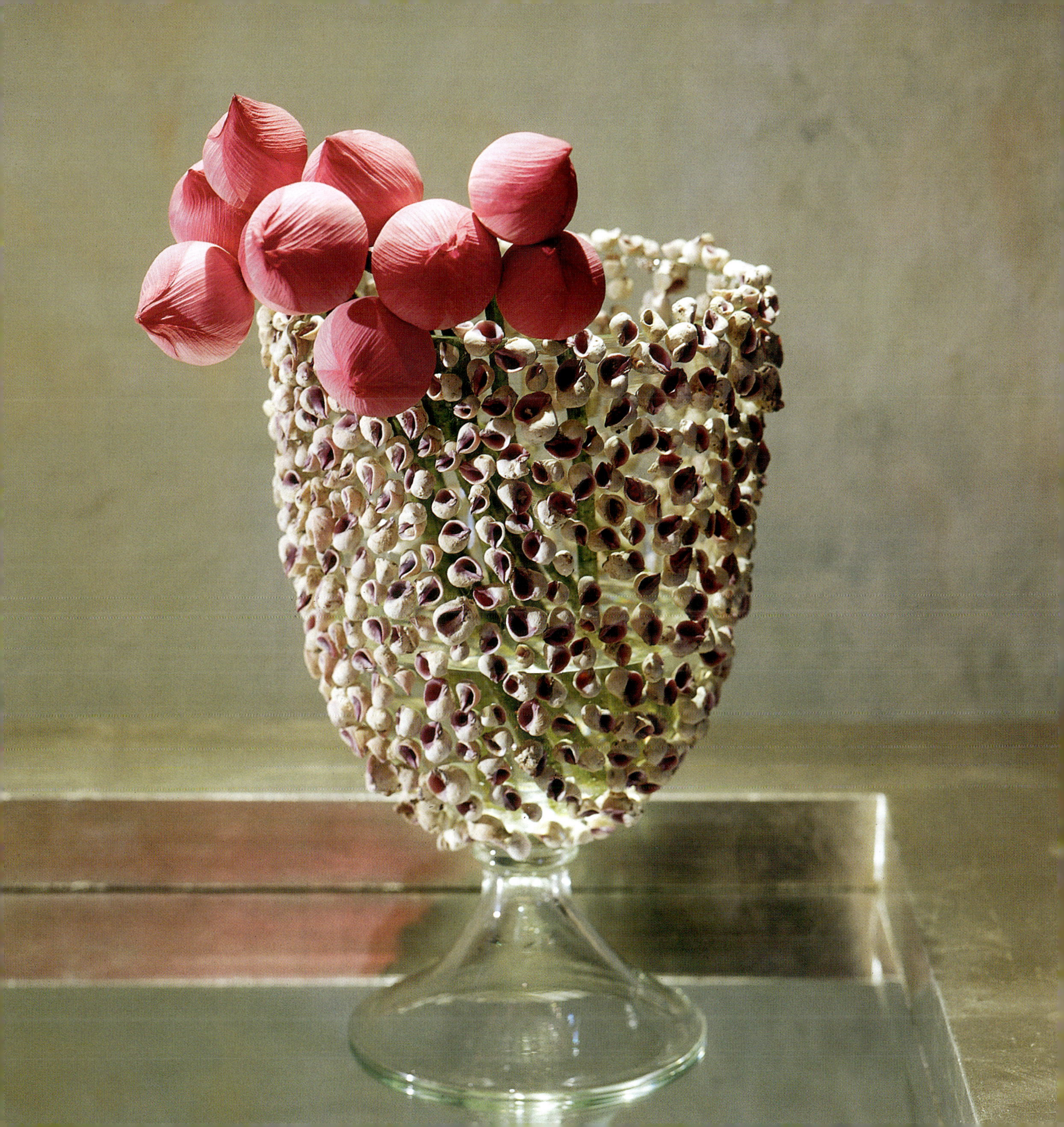

Luft

Luft hat das Bestreben sich auszubreiten und überall zu sein. Luft ist leicht und bewegt, nicht greifbar. Luft kann sich zu Stürmen zusammenbrauen und viel Wind machen, Luft kann die kühlende Brise, der sanfte Abendhauch, die laue, duftende Frühlingsluft, aber auch der heftige Gegenwind oder der eiskalte Nordwind sein. Luft ist abstrakt und nicht konkret. Luft ist verbindend und transparent. Luft ist nicht zu fassen und auf gar keinen Fall greifbar. Luft gehört zu den unerreichbaren Elementen.

Zum Element Luft gehören die Sternzeichen Waage, Wassermann und Zwilling.
Menschen des Elements Luft sind nicht zu fassen. Zu diesem Element gehören die Denker und die großen Theoretiker. Sie konstruieren oft Luftgebilde, die aber manchmal nicht zu realisieren sind. Das ist dem Luftmensch jedoch egal, er kann sich in eine Welt hineindenken, die jedem anderen unzugänglich erscheint. Diese Menschen lieben die Leichtigkeit des Seins und sie sind nur schwer mit den Tiefen des Lebens zu konfrontieren. Das deutlichste Symbol für die Luft sind die Federn und Pflanzen, die nicht auf der Erde wachsen, sondern hoch über ihr in den Astgabeln von Bäumen zu Hause sind.

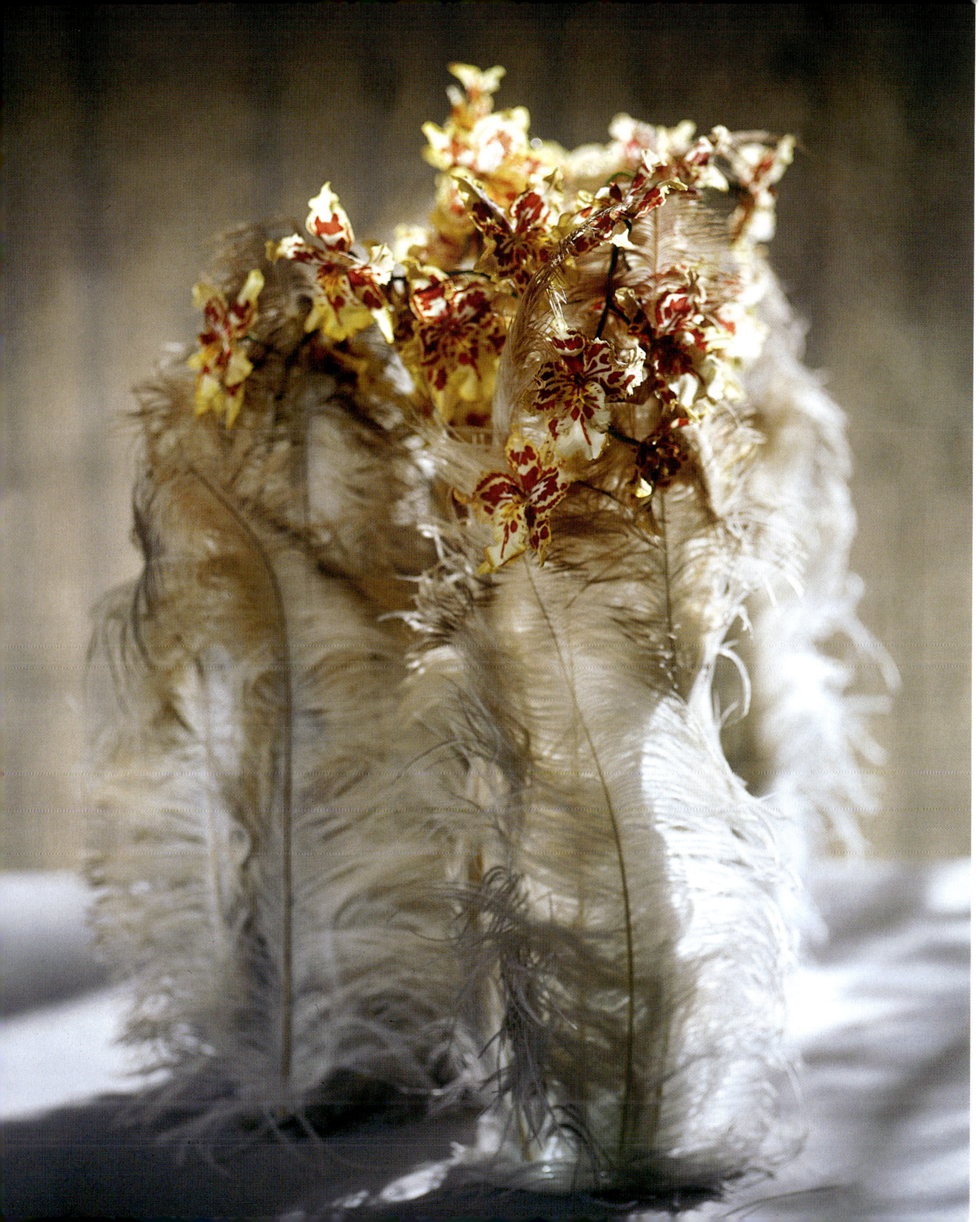

Erde

Erde hat die natürliche Tendenz zu verharren. Sie liebt keine Veränderung und ist nur schwer zu bewegen. Erde ist damit der Inbegriff der Verlässlichkeit, für Halt und Dauer. Erde ist das geduldigste und friedlichste aller Elemente. Wenn sie jedoch ergrimmt, ist ihr Zorn gewaltiger als der aller anderen. Kaum eine Naturkatastrophe ist seltener, aber keine trifft den Menschen tiefer als das Erdbeben. Erde ist träge, dafür aber um so dauerhafter.

Zum Element Erde gehören die Sternzeichen Steinbock, Stier und Jungfrau. Erdmenschen sind die Treuen, die zu ihrem einmal gegebenen Wort stehen. Sie sind nicht die Stürmischsten, aber ihr Gefühl ist tief und fest und sie ändern ihre Empfindungen nur sehr selten, dann aber nachhaltig. In seiner negativen Form gipfelt diese Nachhaltigkeit in Sturheit. Beim Erdmenschen wurzeln Liebe und Hass tief und hinterlassen dauerhafte Spuren. Erde ist das unnachgiebigste Element und sein Erinnerungsvermögen ist enorm.

Wurzeln, die sich in das Erdreich graben, sind Symbole für dieses Element, genauso wie die Rinde, die die Bäume schützt. Wurzeln und Rinde behüten auch die Früchte der Pflanzen, die mit ihrer Hilfe in der Erde wachsen können.

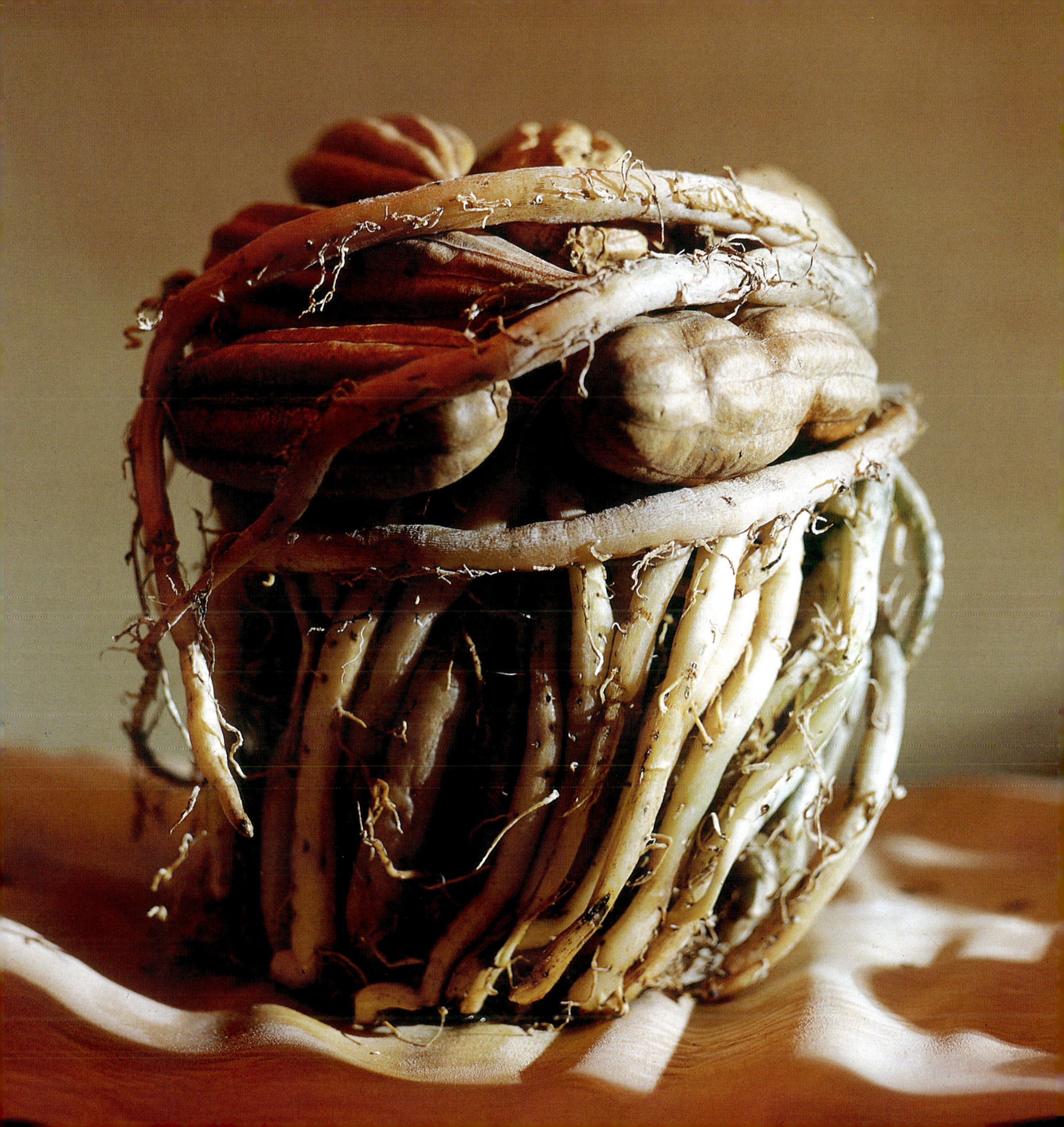

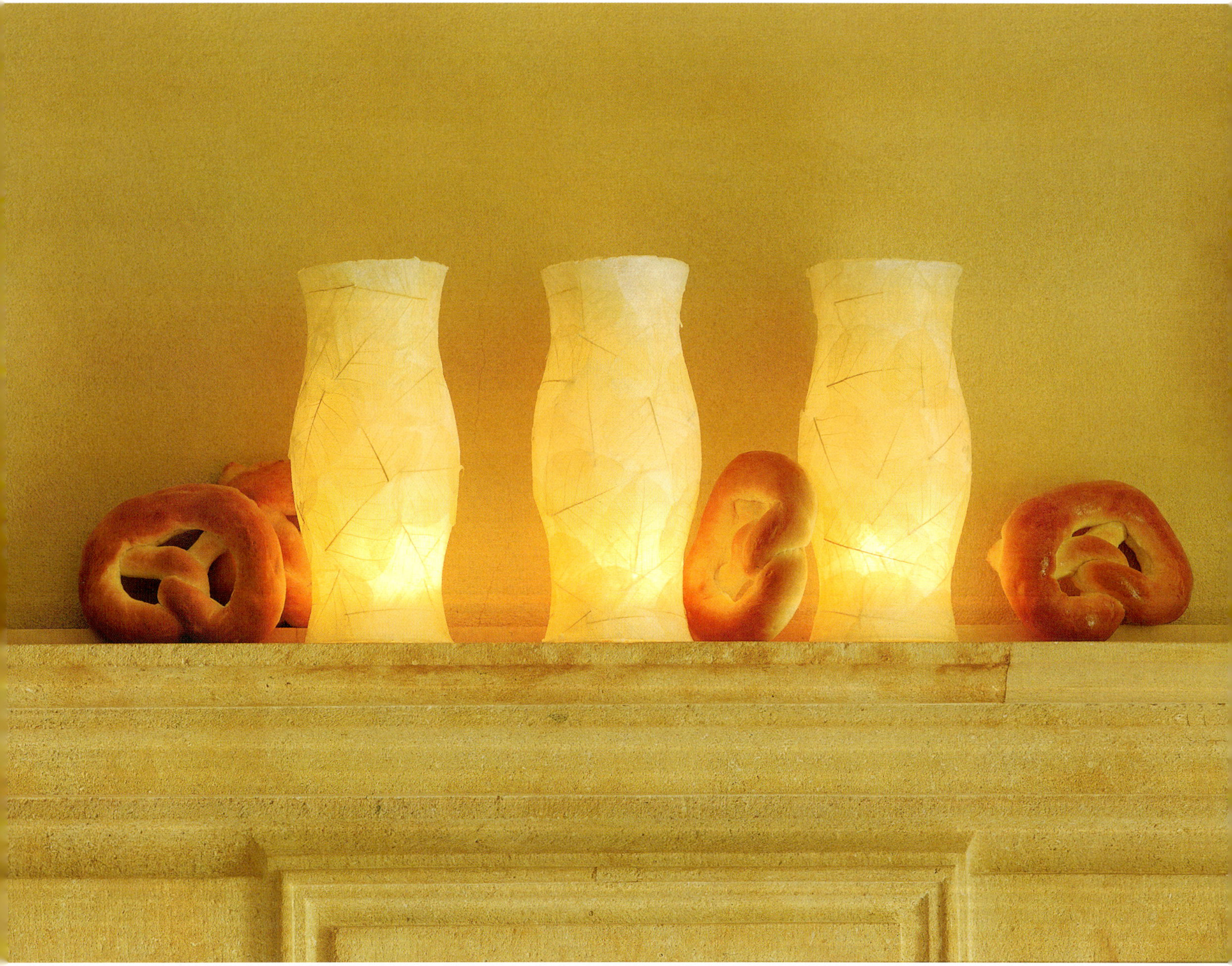

VORWEIHNACHTSZEIT

St. Martin

Lichter gehören unbedingt zum Martinstag. Sie werden in die Dunkelheit hinausgetragen um als frohe Boten vom Guten zu erzählen und um die Wege zu beleuchten, damit sich die Menschen nicht verirren.
Früher fing die Fastenzeit vor Weihnachten mit dem Martinstag an. Die Kirche erlaubte noch einen fröhlichen Tag, an dem man üppig schmausen durfte um dann in die Vorweihnachtszeit zu gehen.

So waren die Lichtträger Vorboten des Weihnachtsfestes und kündigten die Geburt des Herrn an. Man trug Laternen durch die Straßen und brachte sie dann nach Hause, wo man mit einem guten Essen erwartet wurde. Die Martinsgans gehörte zum Festessen, aber den Kindern waren die süßen Martinsbrezeln noch viel lieber.
Auf die abgebildeten Laternen wurden mit Wachs transparente Blätter aufgeklebt. Der Schimmer der Kerzen, der in die Nacht hinausleuchtet, wird so weich und angenehm warm.

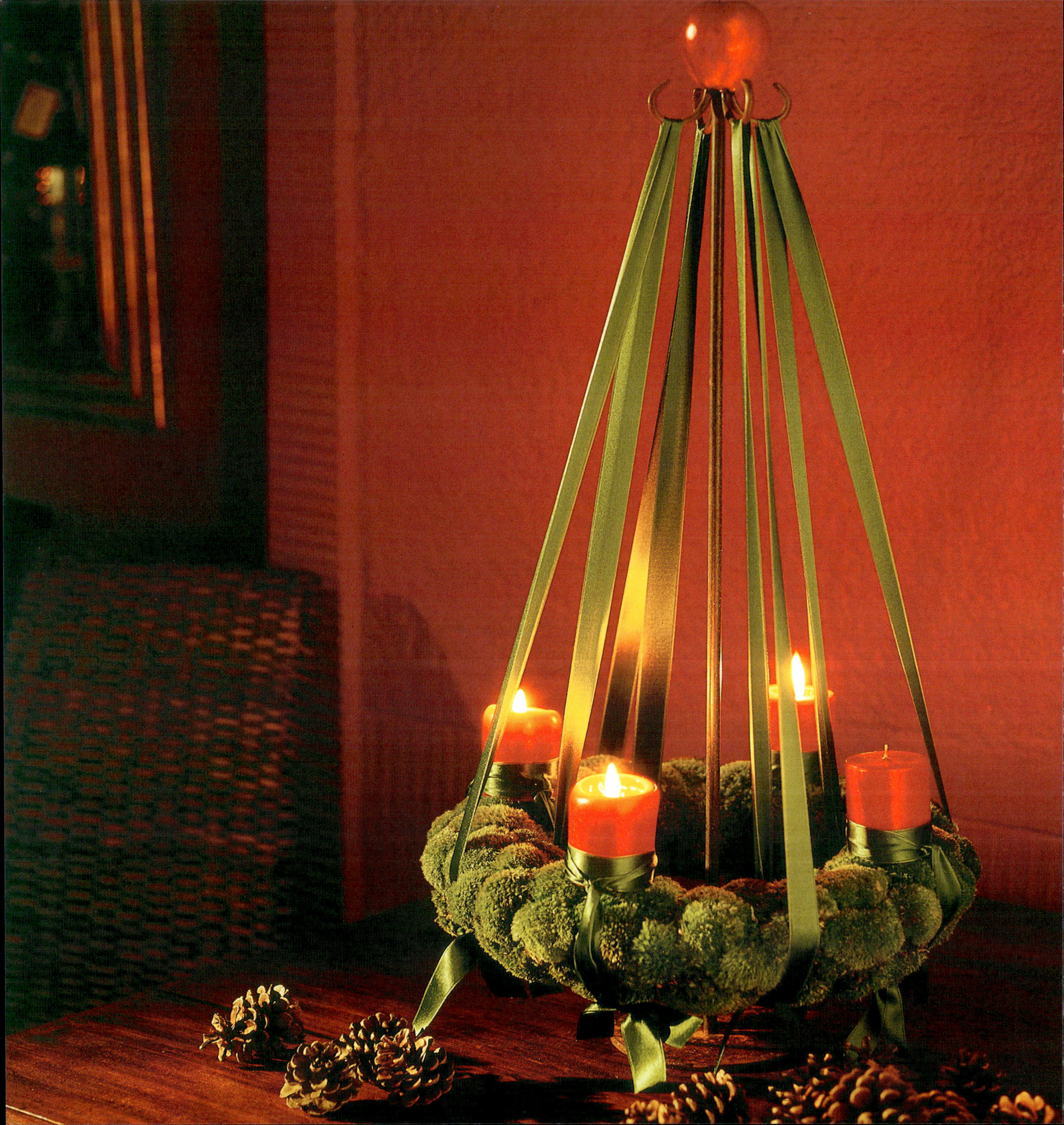

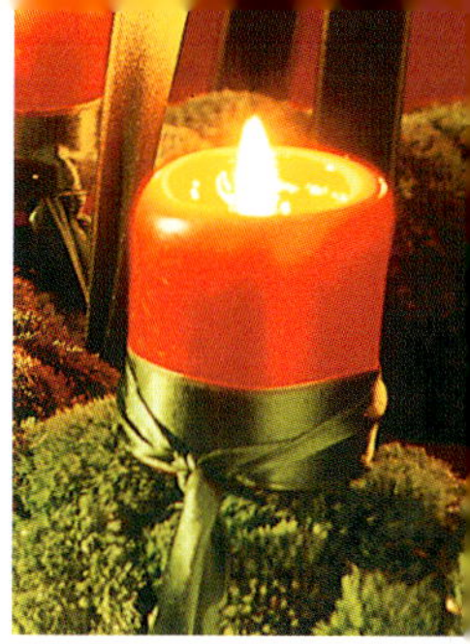

Licht als Adventskalender

Vor ungefähr 150 Jahren wurde in Hamburg der erste Adventskranz von Pfarrer Wichern im Rauhen Haus aufgehängt. Das Rauhe Haus war ein Heim für elternlose Knaben. Gerade die Weihnachtszeit machte den Kindern, die eine wirkliche Familie nicht erleben konnten, wohl sehr zu schaffen. Pfarrer Wichern kam auf die Idee im Speisesaal des Heims einen riesigen Leuchter aufzuhängen, den er mit Tannenreisig umgab und auf dem er für jeden Tag der Adventszeit eine Kerze anbrachte. Die vier Adventssonntage wurden ganz besonders betont, wohingegen die anderen Tage kleinere Kerzen hatten. Es gelang dem Pfarrer so, jeden Tag der Adventszeit für die Jungen zu einem besonderen Tag zu machen, denn an jedem Tag wurde eine Kerze mehr entzündet.

Die evangelischen Gemeinden griffen diesen Gedanken sehr schnell auf, wenn auch oft nur die vier Kerzen für die Sonntage auf den Kranz angebracht wurden. Der Adventskranz war geboren. Von der katholischen Kirche wurde er zunächst als zu evangelisch abgelehnt, aber die Gläubigen begannen diesen Lichterkranz zu lieben, und so wurde er auch in das katholische Brauchtum aufgenommen. Der Adventskranz ist typisch für den deutschsprachigen Raum und gehört zur deutschen Weihnacht einfach dazu. Im Adventskranz verbinden sich sowohl heidnische als auch christliche Aspekte miteinander. Ein Adventskranz muss unbedingt mit winterharten, immergrünen Pflanzen gestaltet werden. Sie sind die starken Pflanzen, die dem Winter trotzen können. Schon immer suchten die Menschen eine Verbindung mit dieser Stärke um den Mächten der Dunkelheit und des Bösen zu trotzen. Zu den gern verwendeten immergrünen Pflanzen gehören Tanne, Kiefer, Eibe, Efeu, Ilex, Mistel und Moos.

Der christliche Aspekt sind die Kerzen, denn in der christlichen Symbolik steht das Kerzenlicht für Jesus selbst. Mit dem Adventskranz wird deutlich, wie wir die Vorbereitungszeit auf Weihnachten durchwandern und dem wahren Lichterfest entgegengehen.

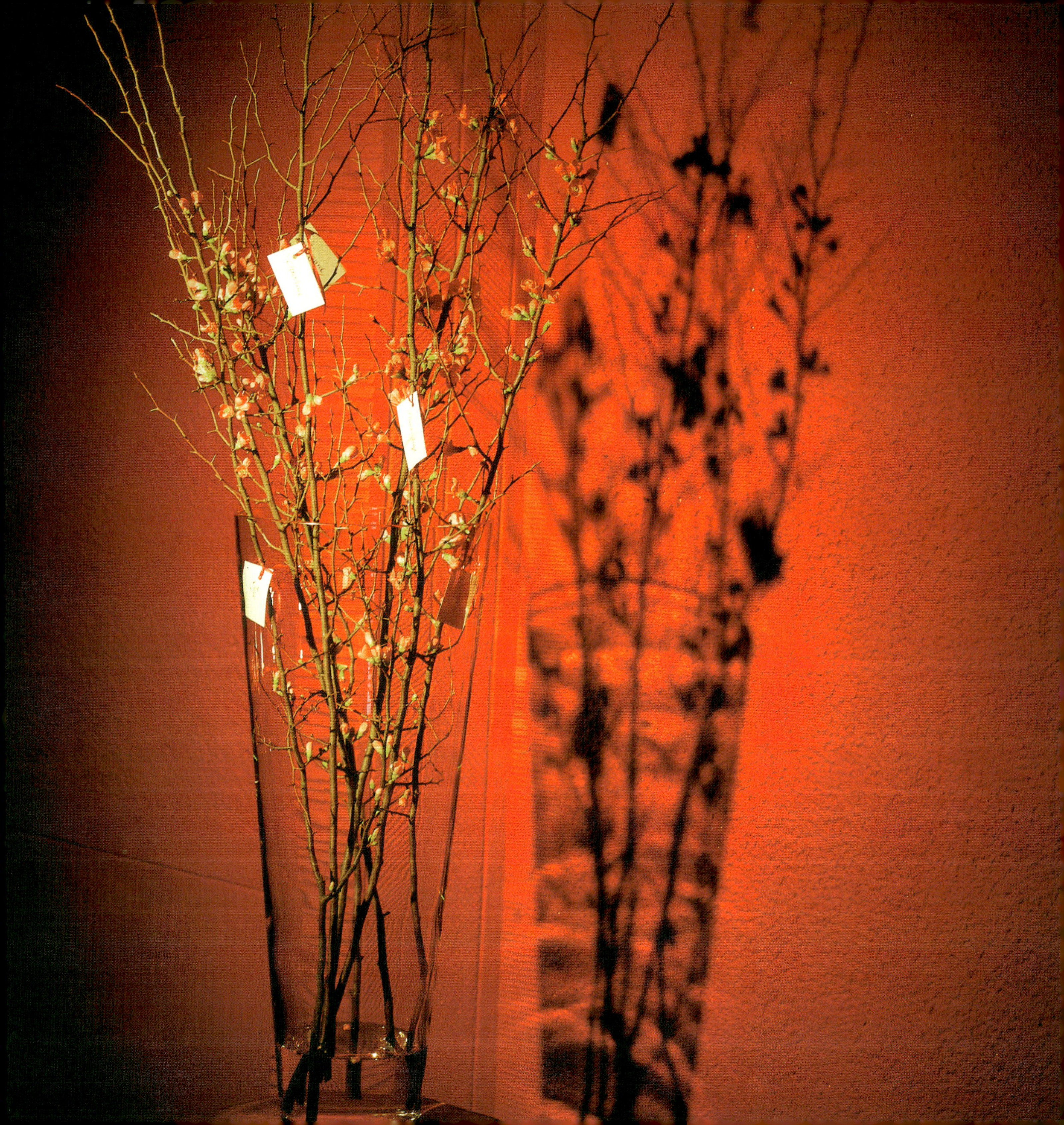

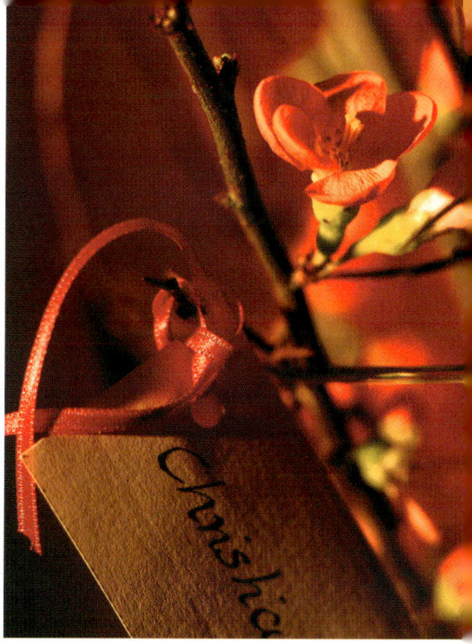

Barbaratag

„Ich werde heute noch im Paradies sein und dann werde ich Dir einen Zweig vom Baum des Paradieses als Beweis schicken!"

Die Heilige Barbara wurde von ihrem Vater getötet, weil sie nicht von ihrem Glauben an Christus ablassen wollte. Der Legende nach brachte ein Engel dem Vater am Abend des Todestages, dem 4. Dezember, einen blühenden Zweig.

Barbarazweige gehören zum uralten christlichen Brauchtum. Die Zweige von Obstbäumen werden am 4. Dezember geschnitten und im Haus in eine Vase gestellt. In manchen Orten ist es Brauch für jedes Familienmitglied einen Zweig zu schneiden und diesen mit einem kleinen Namensschild zu versehen. Der Zweig, der es schafft an Weihnachten zu blühen, bringt demjenigen Familienmitglied über das kommende Jahr hinweg Glück. Barbarazweige drücken den festen Glauben an das scheinbar Unmögliche aus, wie in diesem Fall das Blühen von Frühlingsblüten im Winter. Die Blüte der Zweige an Weihnachten ist ein Wunder, genauso wie die Geburt eines Gottes auf Erden.

Zapfen, die Frucht des Waldes

Nadelgehölze vermehren sich mit Zapfen. Weil fast alle Nadelgehölze winterhart und wintergrün sind, übertrug sich im Bewusstsein der Kelten und Germanen die Stärke der „Eltern" auf ihre „Kinder": Zapfen und Baum gehörten für unsere Vorfahren unbedingt zusammen. Es waren also nicht nur die Zweige der Immergrünen, mit denen man sich umgab, sondern auch die Früchte. Bestimmte aufbewahrte Teile der Früchte versprachen Glück für die nächste Wachstumsperiode und dienten nur im äußersten Notfall als Nahrung. Natürlich spielten Zapfen keine Rolle für die Ernährung, aber sie waren das Sinnbild jeglicher Frucht, die den Winter übersteht, weshalb sie als außergewöhnlich eingestuft und verehrt wurden.

Bei dieser Abbildung verschmelzen die Begriffe Baum und Zapfen zu einer Form. Dass diese Einheit als Zwillingspaar gestaltet wurde, macht den Ausdruck des Bildes noch ungewöhnlicher.

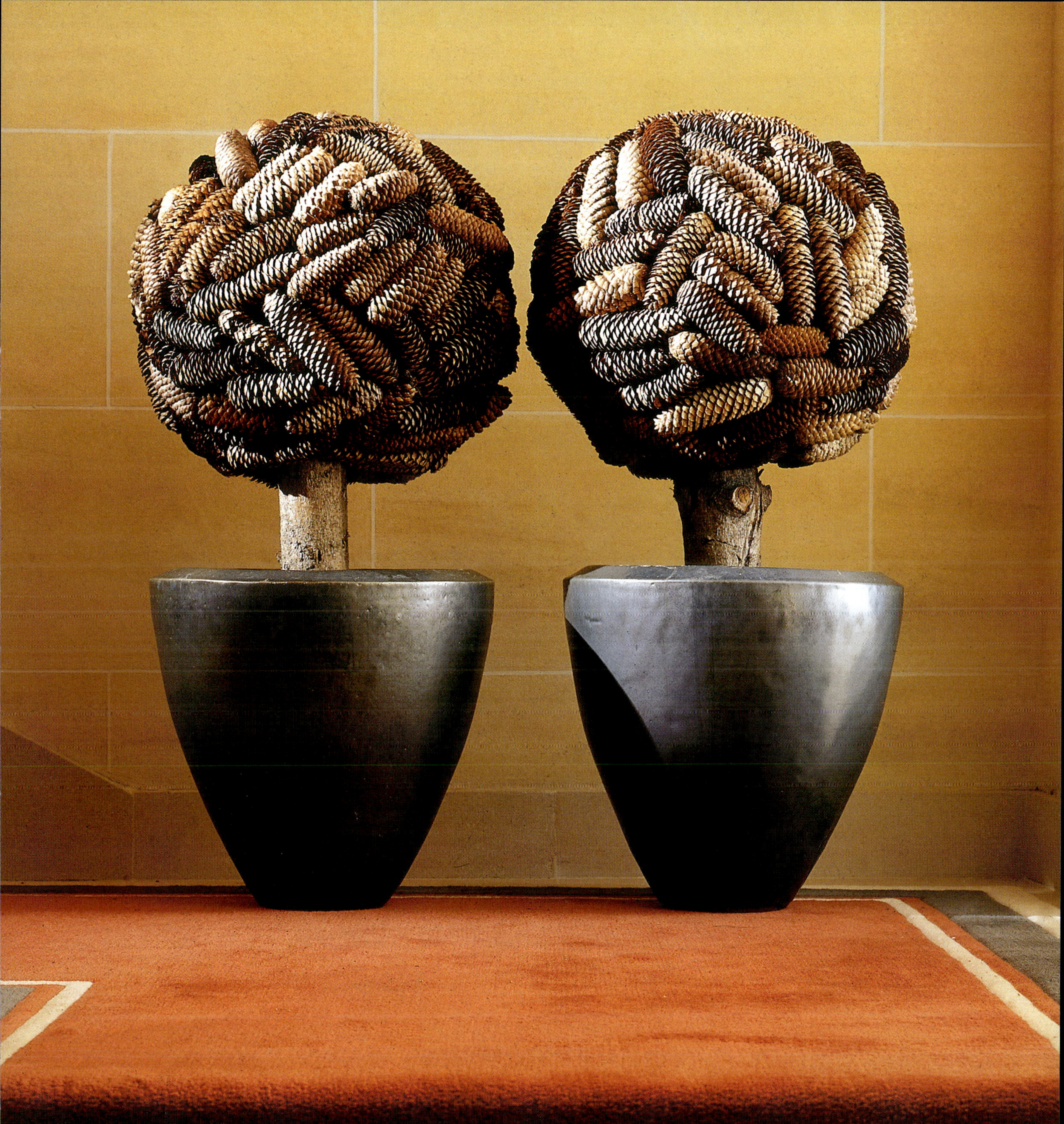

Ein Schatz

Es gab früher keinen größeren Schatz, als vor dem Winter gut vorbereitet und mit ausreichend Nahrungsmitteln versorgt die Kälte und die Dunkelheit zu erwarten. Früchte, die man dafür lange einlagern konnte, waren natürlich ganz besonders wertvoll: Sie würden in den letzten Wintertagen Nahrung bieten, wenn alles andere schon sehr knapp geworden war und sich herausstellte, ob man genügend für den Winter gesammelt hatte. Nüsse spielten dabei eine übergeordnete Rolle. Sie sind haltbar, sehr lange genießbar und unkompliziert zu lagern. Wer einen großen Vorrat von Nüssen hatte, konnte beruhigt in den Winter gehen. Nüsse, die das Überleben sicherten, waren kostbarer als jedes Edelmetall oder jeder wertvolle Stein.

Aus Beeren, Früchten oder Nüssen wurden die ersten Schmuckstücke gefertigt. Dieser Schmuck wurde bei den großen religiösen Riten getragen, ganz besonders von den Priesterinnen oder Schamaninnen, die in enger Beziehung zu den Geistern standen. Zur Wintersonnenwende einen solchen Schmuck tragen zu können bedeutete die feste Überzeugung, dass man den Winter auf jeden Fall überstehen würde. Die Trägerin umgab sich auf diese Weise mit einem ganz besonderen Schutz, denn Nüsse hatten einen fast heiligen Status. Eine Kette um den Hals, Gehänge für die Ohren und ein Ring am Finger schützten vor allem Bösen. Mit der Kette war die Brust geschützt und damit auch das Herz. Die Ohrringe schützen den Kopf und damit das Zentrum der menschlichen Sinne. Der Ring schützte die Hand, mit der der Mensch Dinge bewegt und berührt.

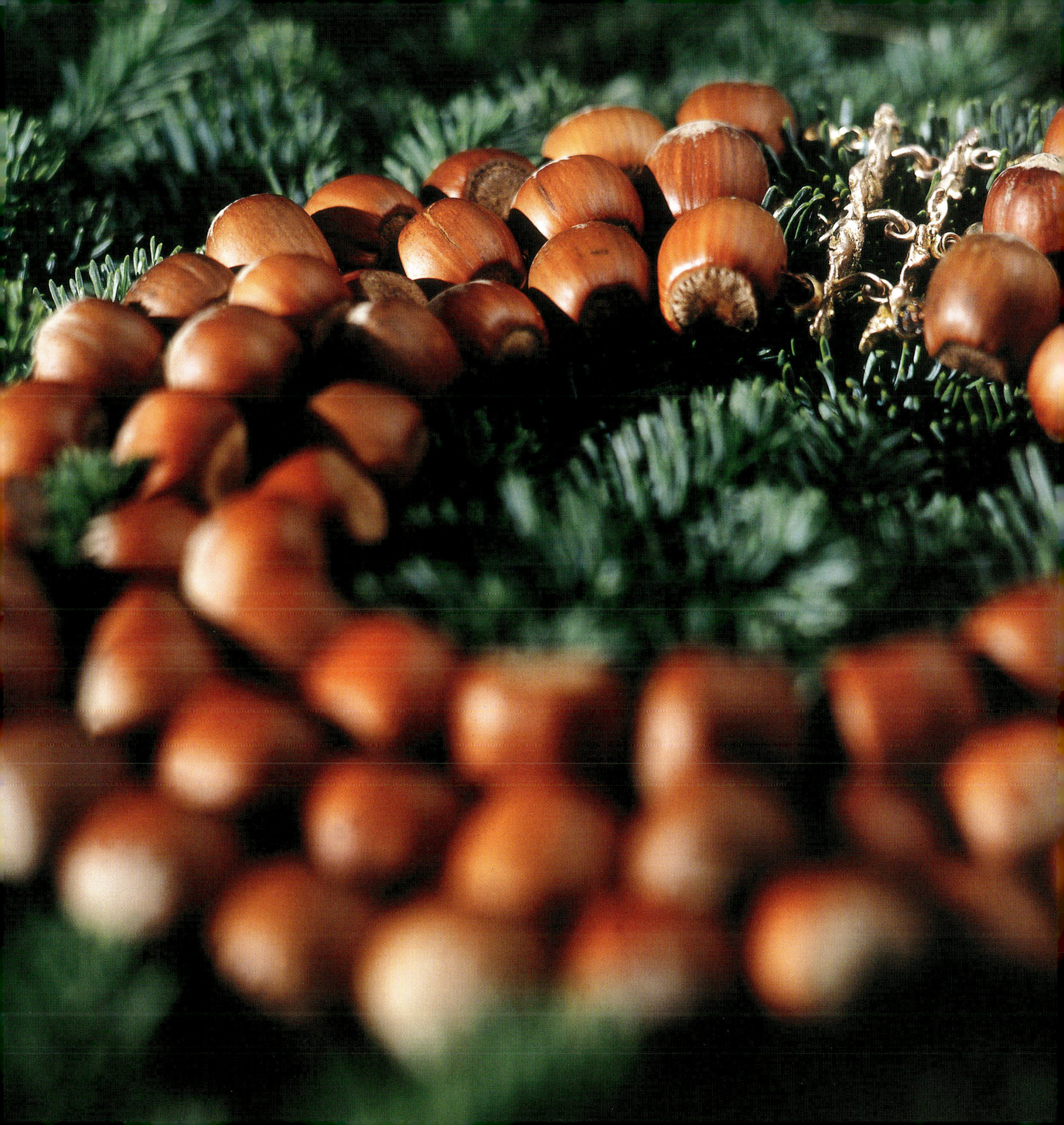

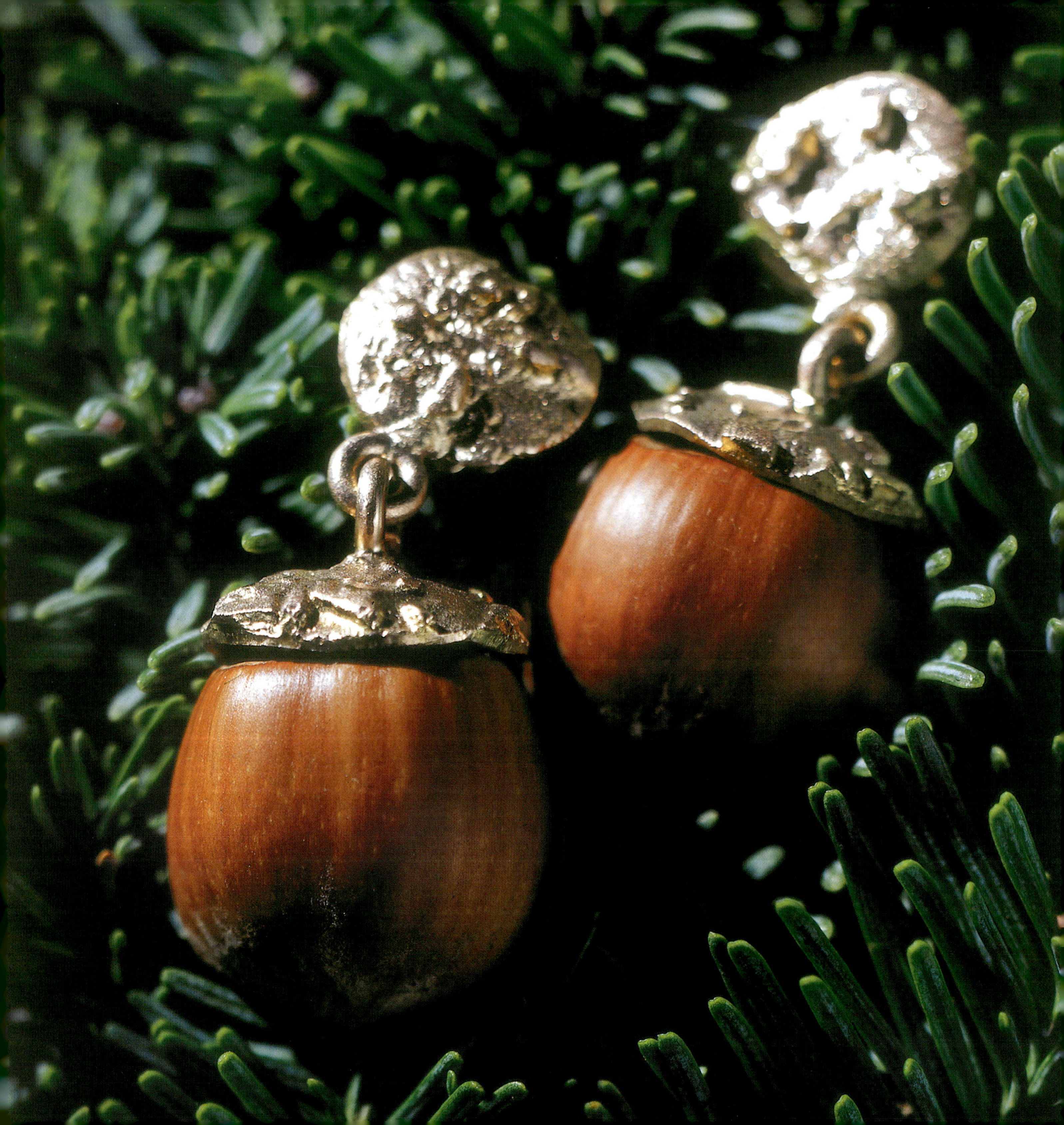

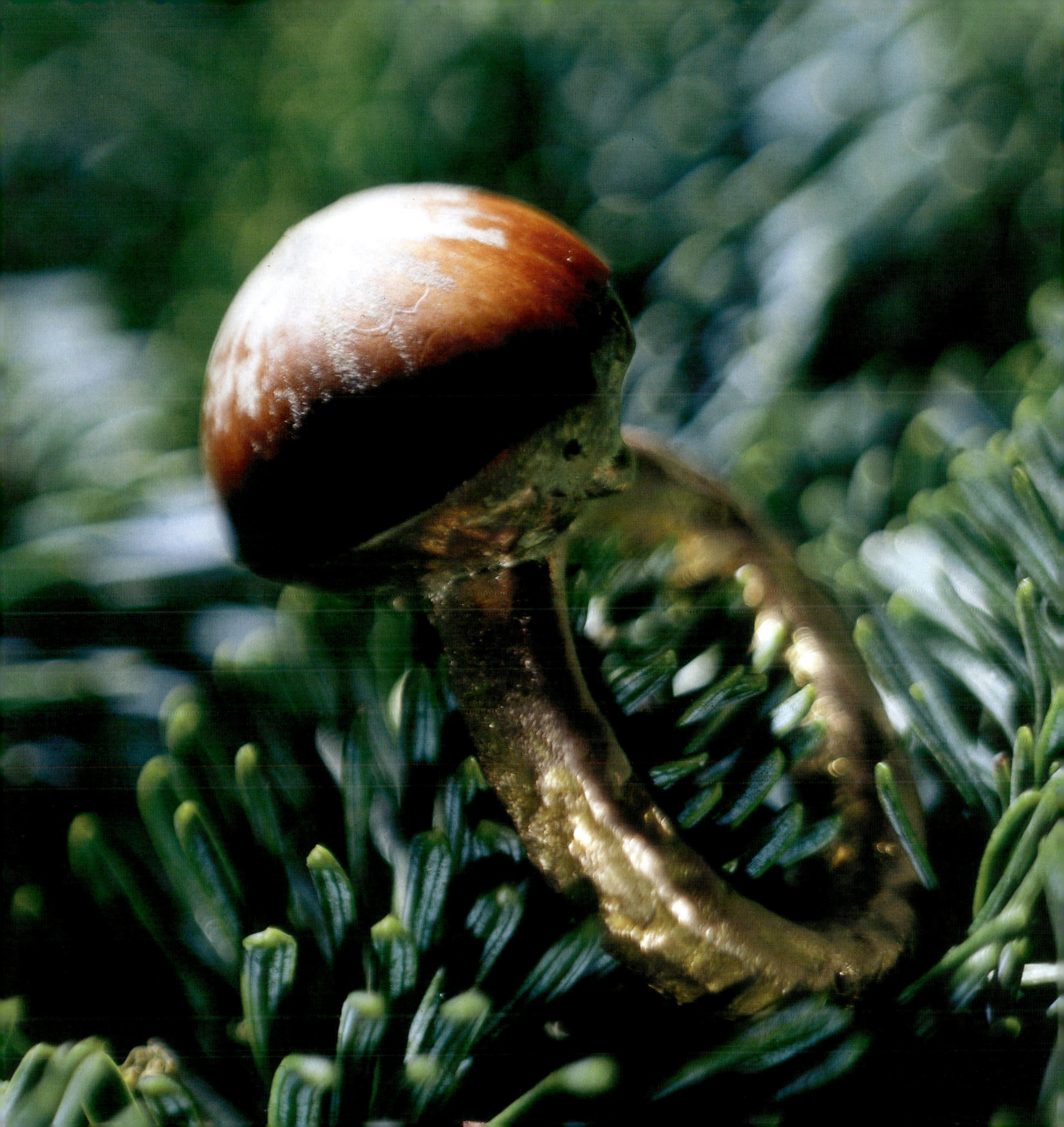

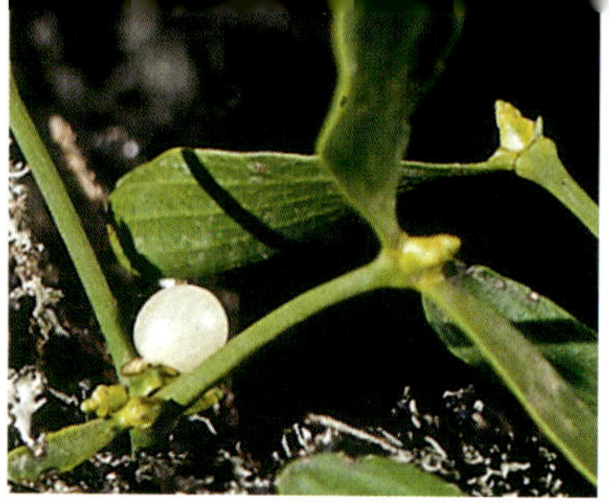

DEM WINTER TROTZEN

Ein Zeichen der Ewigkeit

Die Mistel war die heiligste Pflanze der Kelten. Sie durfte nur von Druiden geschnitten werden und das nur in ganz bestimmten Mondphasen. Die Mistel lebt in der Regel auf Laubbäumen. Es hat die Menschen stets beeindruckt, wie die Misteln an den kahlen Bäumen im Winter immer noch grün blieben, während der Baum, auf dem sie wuchsen, scheinbar zu schwach war um der Kälte und den bösen Geistern der Dunkelheit standzuhalten.

Die Mistel war der Ausdruck von Leben schlechthin. Ihre Detailform, die wie ein Y aussieht, entsprach der keltischen Rune für Ewigkeit. Dieses Symbol war für die Kelten ein kosmisches Zeichen, in dem sich Himmel und Erde vereinten.

Die ganze Kraft des Himmels bündelte sich im Brennpunkt und wurde zur Erde geleitet. Ein hochrangiges Zeichen für unsere Vorfahren, dass ihnen Hoffnung und Zuversicht in der Dunkelheit des Winters versprach.

Die Abbildung zeigt zwei Symbole für die Ewigkeit: einmal die Kranzform, die besonders im Mittelmeerraum als Zeichen der Unendlichkeit verstanden wurde, und zum anderen die Mistelstücke, die die gleiche Bedeutung in den nordischen Kulturen hatte. Der Kranz ist extrem kontrastreich in seiner Materialkombination: Scheinbar totes Gehölz trägt lebendes, frisches Grün, wodurch die besonderen Eigenschaften der Mistel noch betont werden.

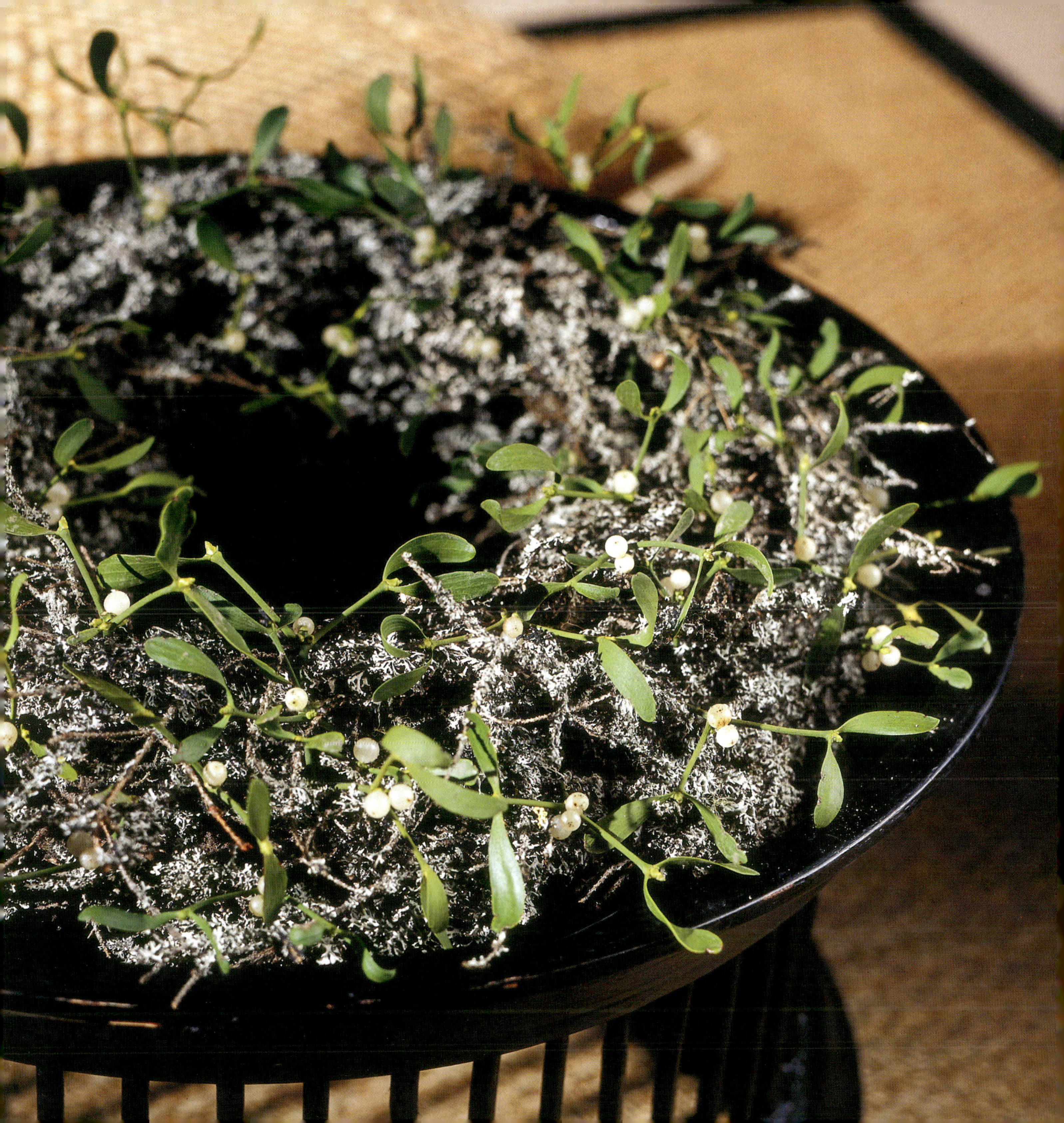

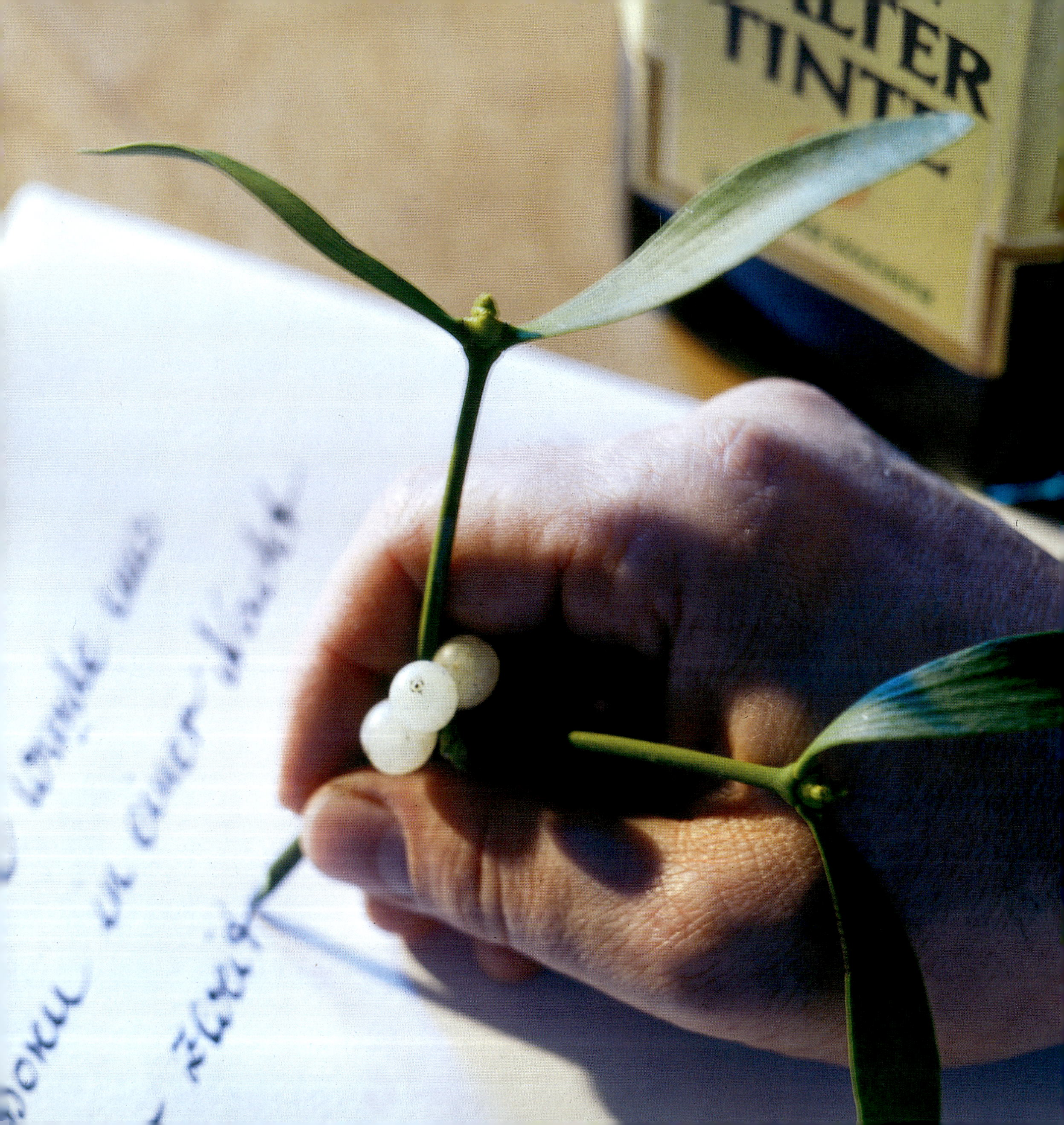

Ein Brief für die Ewigkeit

In der Stille wurde uns ein Kind geboren,
in einer Nacht vor zweitausend Jahren ...

Ein Weihnachtsbrief wird mit einem angespitzten Mistelstück geschrieben: Das ist symbolisch von allergrößter Bedeutung. In diesem Brief vereint sich Germanisches und Keltisches mit dem Christentum. Dadurch werden alle Grenzen aufgehoben: Für die Kelten wäre dieser Brief durch die Mistel ein heiliger Brief und inhaltlich richtet sich die heilige Botschaft nicht nur an alle Christen, sondern an die gesamte Menschheit. Damit wird ausgedrückt, dass die Frohe Botschaft der Engel an die Hirten von der Geburt eines Kindes zum Weltereignis wurde, die für alle Menschen gedacht ist und niemanden ausschließt, noch nicht einmal diejenigen, die nichts davon wissen wollen.

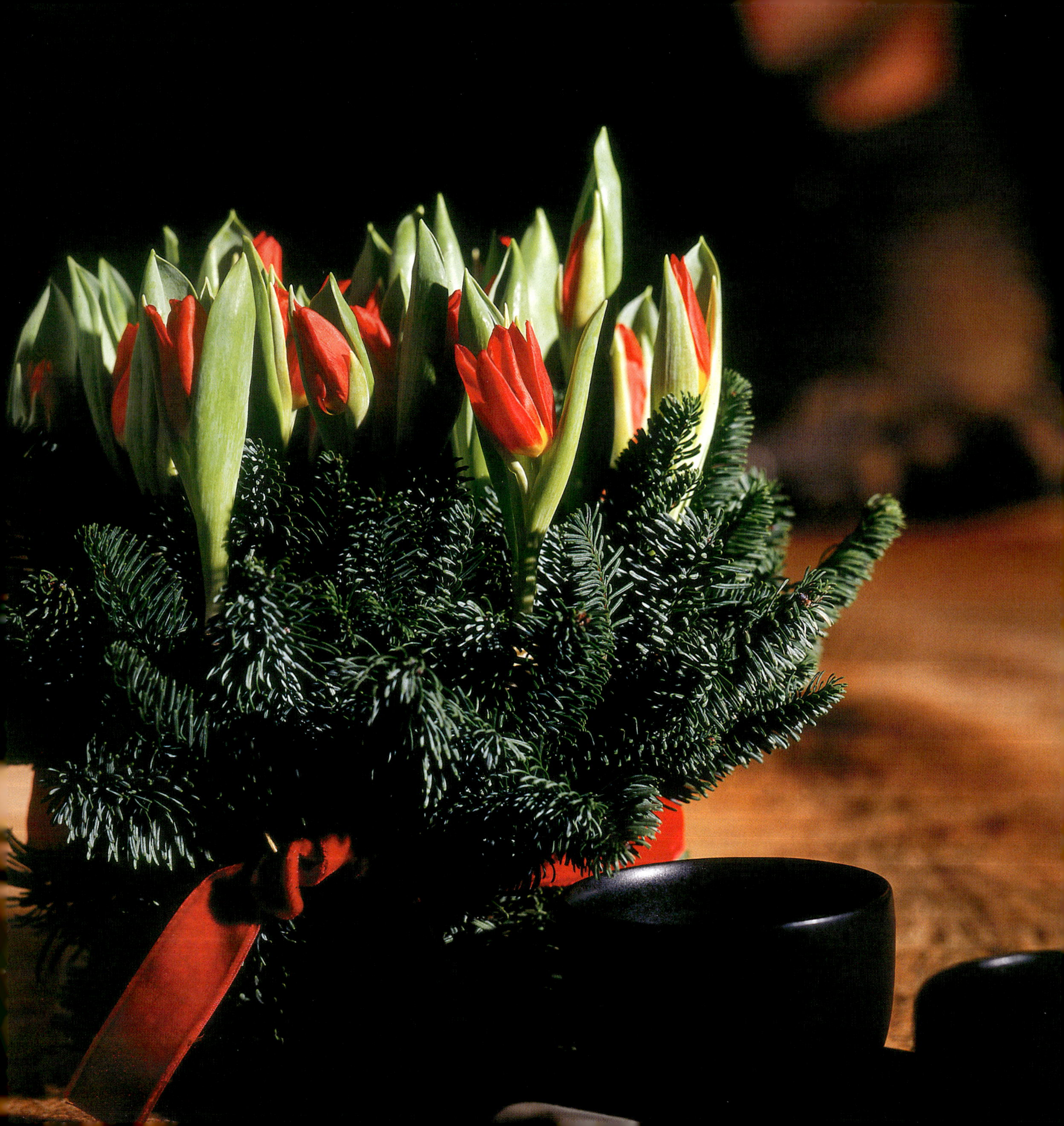

WEIHNACHT

Ein Wunder ...

Ich kann mich daran erinnern, dass es in meinen Kindertagen für meinen Großvater und meinen Vater sehr wichtig war, sich am Heiligabend und an den Weihnachtstagen immer mit kleinen Tulpen zu umgeben. Sie gehörten an Weihnachten einfach dazu.

Natürlich war es ein wenig seltsam, warum man ausgerechnet zum unmöglichsten Zeitpunkt Frühlingsblumen haben musste, aber es drückte für mich die außergewöhnliche Situation der Heiligen Nacht aus. Wenn es gelang, dass die Tulpen wirklich an Weihnachten blühten, dann grenzte das an ein Wunder, fast vergleichbar mit dem Wunder der Geburt dieses kleinen Kindes, das als Mensch geboren wurde und doch ein Gott ist. Die Kombination von Tannen und Tulpen galt bei uns nicht als schick, sondern war einfach der Ausdruck dieses Wunders. Auch heute finde ich es noch sehr schön, am Heiligabend ein paar von diesen blühenden Zwiebeln im Haus zu haben. Es erinnert mich einerseits an meinen Großvater und meinen Vater und andererseits trifft es genau meine persönliche Überzeugung.

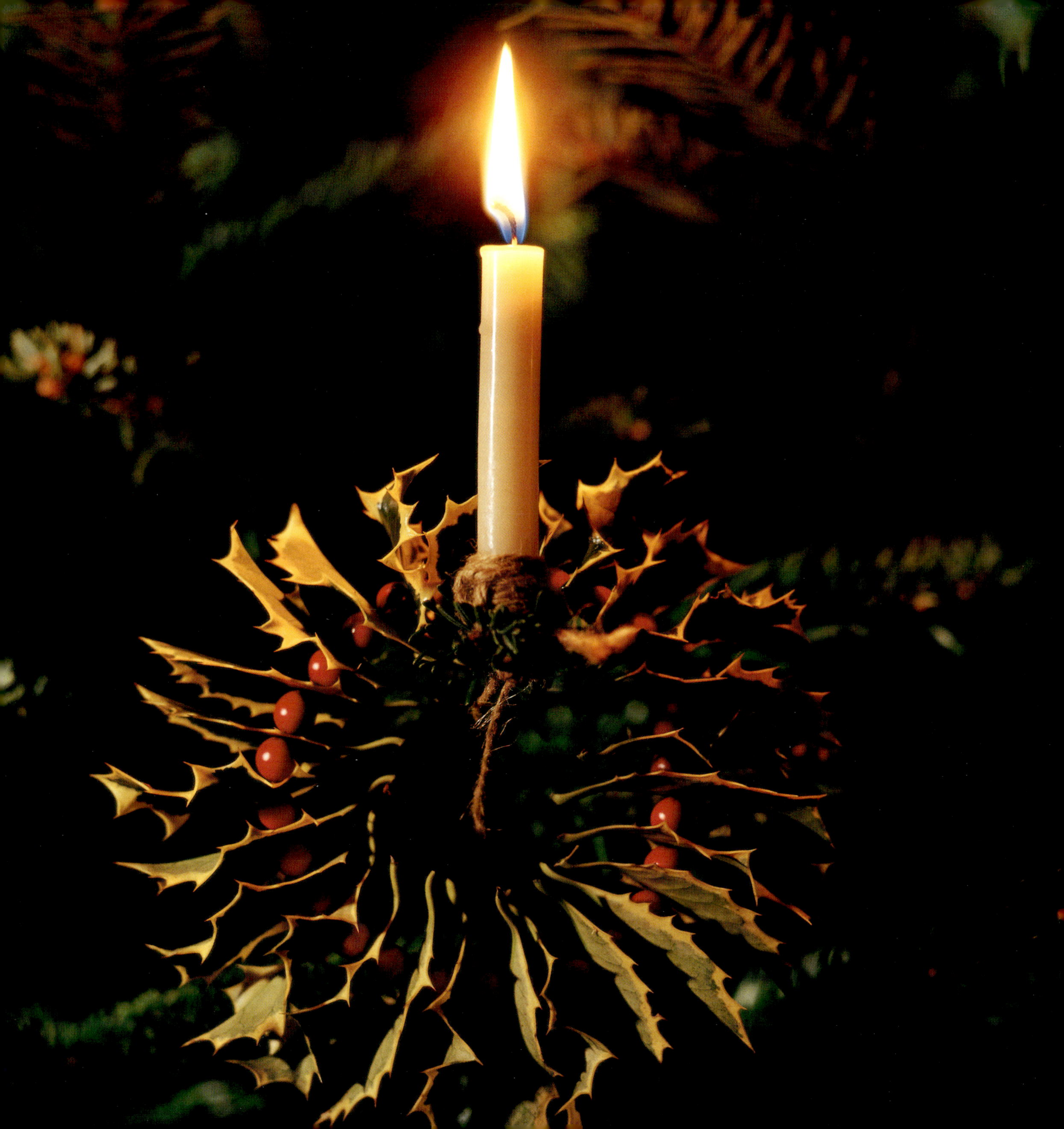

Ein Licht im Baum

Wie wird ein Baum zu einem Christbaum?
Die Antwort ist verblüffend einfach:
Es genügt eine Kerze! Das Kerzenlicht ist das Symbol für Christus. Wenn sich dieses Symbol mit einem wintergrünen Baum verbindet und dann noch eine Frucht hinzukommt, dann hat man einen Baum, der den rauen Nächten trotzt und von Christus gesegnet ist.
Wenn Immergrün, Frucht und Licht aufeinander treffen, ist keine Steigerung mehr möglich. Alle positiven und wichtigen Symbole für die Nacht der Nächte sind dann vereint. Das Wintergrün, das stärker ist als die Kälte, die Frucht, in der die Natur wiedergeboren wird und das Licht, das die Dunkelheit erhellt.
Das Kränzchen aus Ilexblättern und Ilexbeeren drückt darüber hinaus Ewigkeit aus. Damit wird klar, dass das Gute am Ende immer über das Böse siegen wird, denn das Gute ist ewig und das Böse ist vergänglich.

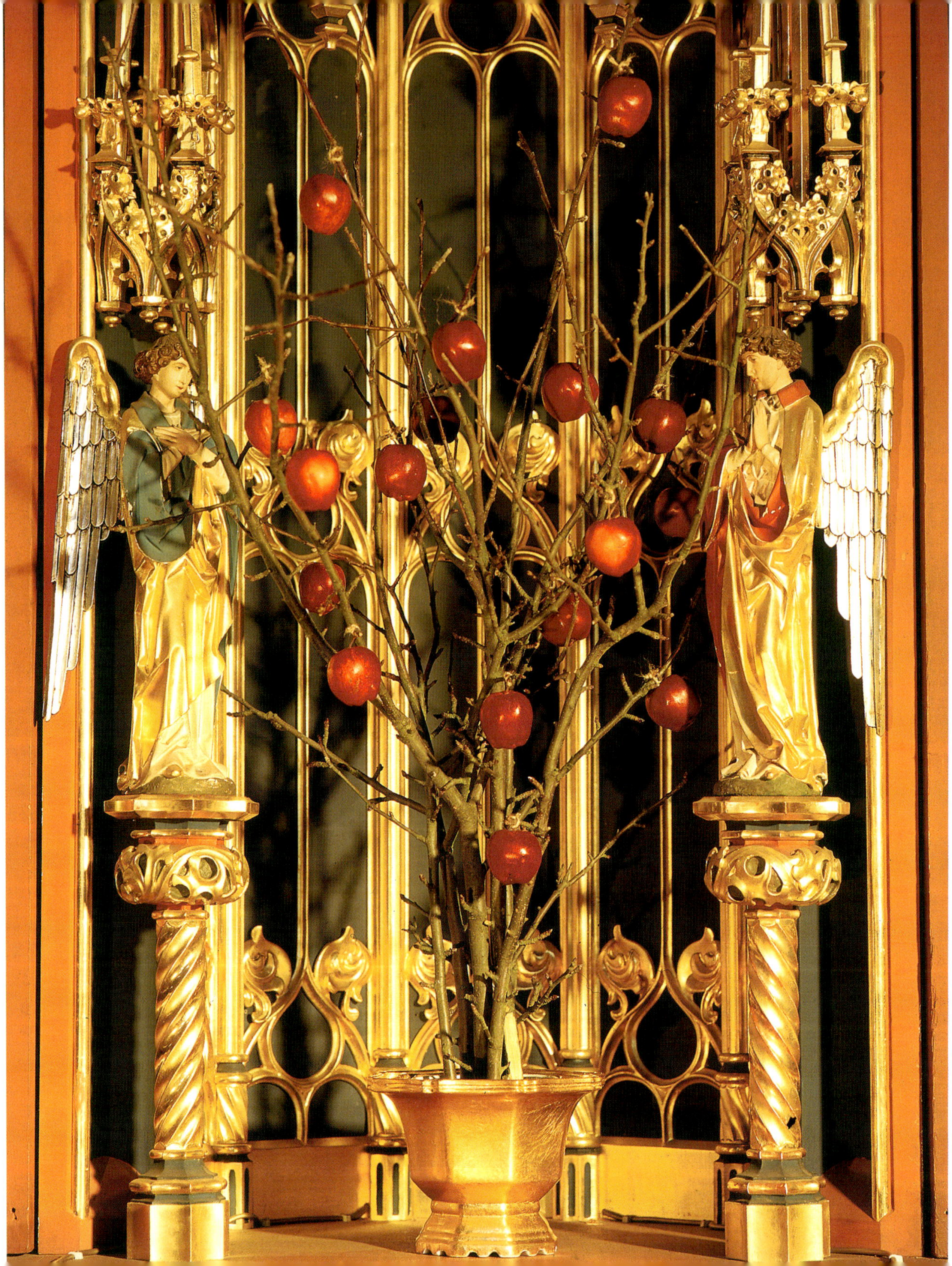

Zurück in das Paradies

Da sprach Gott, der Herr, zur Schlange: „Weil du dies getan hast, sei verflucht aus allem Vieh und allem Getier des Feldes! Auf deinem Bauche sollst du kriechen und Staub fressen dein Leben lang! Feindschaft will ich stiften zwischen dir und der Frau, zwischen deinem Samen und ihrem Samen; er wird dir den Kopf zertreten, und du wirst nach seiner Ferse schnappen." (Genesis 3, 14-15)

Heiligabend ist in der katholischen Kirche der Tag Adams und Evas. Man will noch einmal den Urahnen gedenken, die durch ihre Tat ihr paradiesisches Leben beendeten. Mit der Geburt Jesu ist derjenige erschienen, von dem Gott prophezeite, dass er der Schlange den Kopf zertreten werde. Durch die Geburt dieses Kindes, das gleichzeitig Mensch und Gott ist, konnte der Urzustand der Harmonie zwischen Menschen, Natur und Gott wiederhergestellt werden. Der Baum des Paradieses kann erneut Früchte tragen. Der scheinbar tote Baum trägt wieder Leben und der Zugang zum Paradies öffnet sich für die Menschen. Der Vorläufer aller Weihnachtsbäume ist der Baum des Paradieses, der in unserem Kulturkreis als Apfelbaum angesehen wird. Damit wird der Apfel zur Frucht des Paradieses, zur Frucht der Erkenntnis.

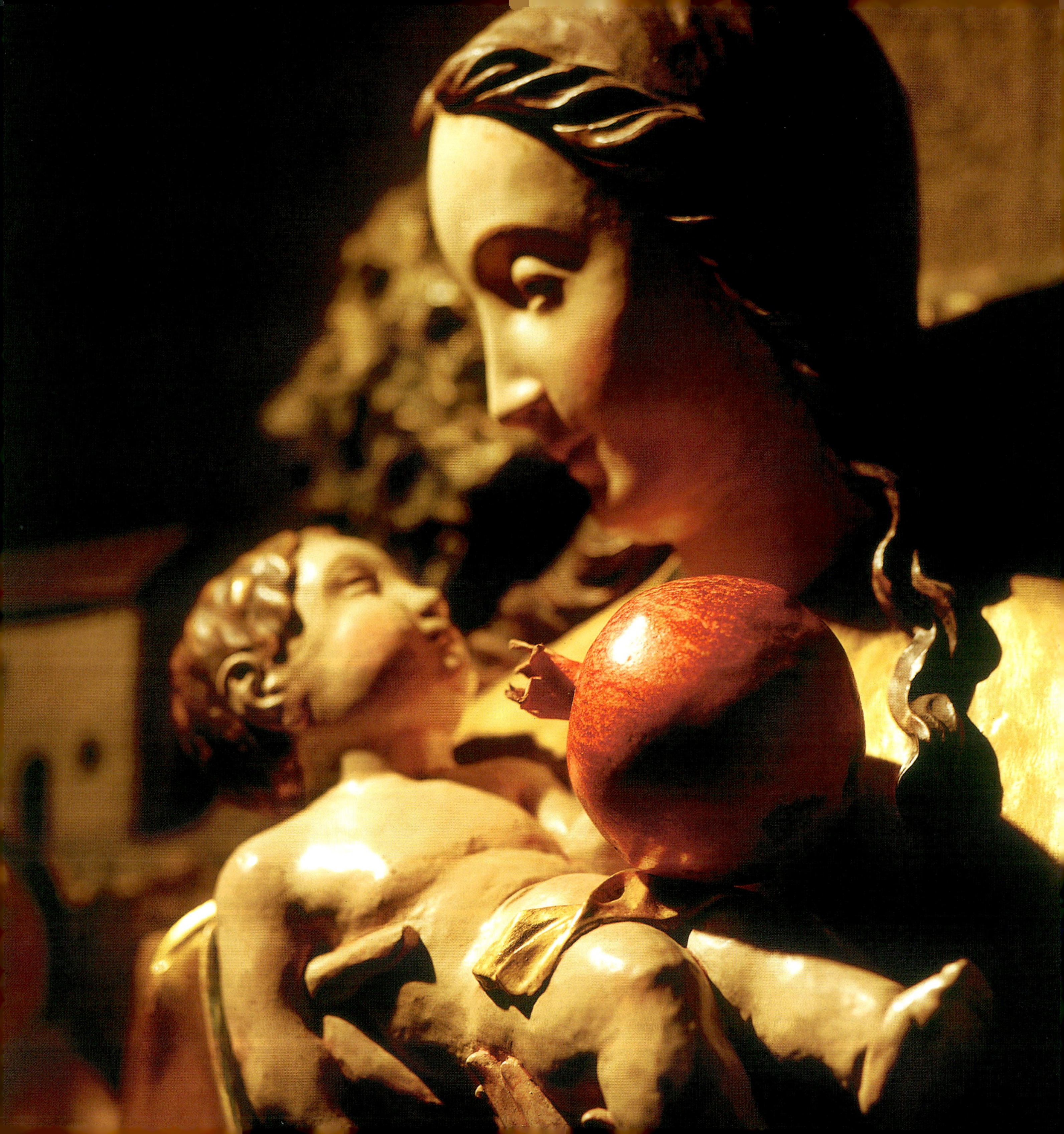

WEIHNACHT

Ein König ist uns geboren

Als nun Jesus geboren war, zu Bethlehem in Judäa, in den Tagen des Königs Herodes, siehe, da kamen Magier aus dem Morgenland nach Jerusalem und sprachen: „Wo ist der neugeborene König der Juden? Wir sahen nämlich seinen Stern aufgehen und sind gekommen, ihm zu huldigen.“ (Matthäus 2, 1-2)

Der Ausdruck allumfassender königlicher Macht ist neben der Königskrone der Reichsapfel, der sich vom Granatapfel ableitet. Wer diesen Apfel in den Händen hält, ist der Herrscher. Die Erde liegt in seinen Händen und dadurch schützt er sie. Gleichzeitig ist der Granatapfel die mediterrane Entsprechung zum Apfel, der Frucht des Paradieses. Er verspricht Fruchtbarkeit und Reichtum und wird damit zur Kardinalfrucht unter allen Früchten.

WEIHNACHT

Es ist ein Ros entsprungen

Es ist ein Ros entsprungen
aus einer Wurzel zart
wie uns die Alten sungen
von Jesse kam die Art
Und hat ein Blümlein bracht
mitten im kalten Winter
wohl zu der halben Nacht

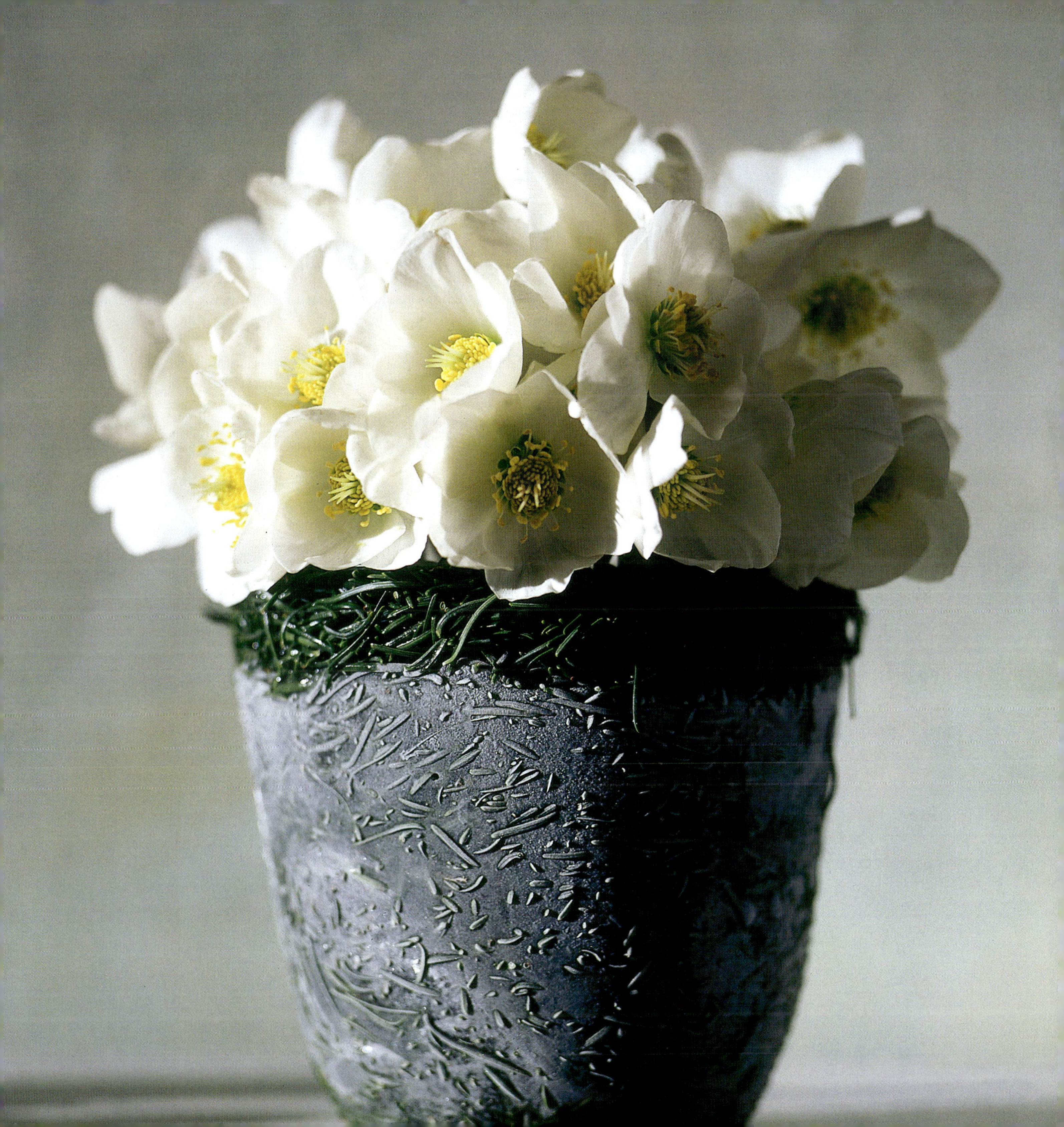

DANKSAGUNG

Natürlich möchte ich mich bei vielen Menschen bedanken, die mich bei meinem ersten eigenständigen Buchprojekt unterstützt haben.

Ganz wichtig ist hierbei meine Familie, besonders meine Neffen Christian und Andreas Hirtz, die mich in meinem Vorhaben dieses Buch zu gestalten unterstützt hat. Sie stand mir immer hilfreich zur Seite wenn ich sie brauchte und ertrug mich, wenn meine Nerven zum Zerreißen angespannt waren. Ohne diese vielen helfenden Hände wäre die Produktion eines solchen Buches gar nicht vorstellbar.

Bernhard Reingruber hat mir in vielen Gesprächen weitergeholfen und mich dabei immer wieder motiviert. Er hat dafür gesorgt, dass ich die Freude an diesem Projekt trotz vieler Anstrengungen beibehalten habe. Seine oft aufmunternden Worte waren mir immer sehr wichtig.

Bedanken will ich mich bei den Menschen, die mir erlaubt haben, in ihren Räumlichkeiten zu fotografieren und mit so manchem Chaos gelassen umgingen, das dabei immer wieder entstand. Es ist ihnen sogar gelungen einen Fototag zu genießen und sie fanden es spannend hinter die Kulissen einer solchen Produktion zu schauen.

Ein ganz besonderen Dank gilt dem Fotografen Erich Francois und seinem Assistenten Benno Lutz. Sie waren auch zu Unzeiten zur Stelle um ihren Beitrag zum guten Gelingen der Fotoproduktion zu leisten. Ihre Bereitschaft zur Auseinandersetzung mit den Themen, zum Finden von interessanten Blickwinkeln und außergewöhnlichen Perspektiven für jede Darstellung machten es erst möglich das Buch so zu gestalten, wie es nun vorliegt.

Franz-Josef Wein

LEBENSLAUF

geboren 1961 in Saarlouis

Ausbildung zum Floristen im **Blumenhaus am Theater**, Saarbrücken

1984 Meisterprüfung, Fachschule für Floristik Friesdorf in Bonn

seit 1980 Tätigkeit als Florist im **Blumenhaus Wein**, Feldstraße 49, 66740 Saarlouis, www.blumenhaus-wein.de

seit 1982 Teilnahme und Gewinn zahlreicher Medaillen bei Floristensonderschauen und Wettbewerben
1982 und 1986 Gewinner der Silbernen Rose für das Saarland
1986 Gewinner der Goldenen Rose in Hannover (Deutscher Meister)
1987 Gewinner des Staatspreises der Bundesrepublik in Gold auf der Bundesgartenschau in Düsseldorf
1988 Teilnahme am Europa-Cup der Floristen in Turin, Italien

seit 1986 Leitung von Schulungen, Durchführung von Kursen und Vortragstätigkeit in ganz Deutschland und im Ausland, von Belgien bis Japan

seit 1990 Blumendekorationen in außergewöhnlichen Gebäuden Europas, unter anderem:
Palazzo Strozzi in Florenz anlässlich einer internationalen Antiquitätenausstellung,
Stift Melk in Niederösterreich zu den Pfingstfeierlichkeiten,
Klöster Fischingen im Thurgau und Birnau am Bodensee

seit 1993 Floristischer Leiter der Fachschule Schiltern in Österreich
Tätigkeiten: Meistervorbereitung, Fachlehrer in den Fächern allgemeine Gestaltung, Farbenlehre, Fachpraxis, Stilkunde, spezielle Gestaltung

1993 bis 2001 Fachlehrer für die Ausbildung der Primoflor und zum Meister beim Schweizerischen Floristenverband

Mitarbeit an folgenden Buchveröffentlichungen:
World Flower Artists
Florale Meisterwerke 1 und 2
Objekte, Floral und Nichtfloral
Buchproduktionen für Brigitte von Boch
Symbole

Symbolpflanzen

Apfel Frucht des Paradiesbaumes, Frucht von Adam und Eva, Verführung, Erkenntnis **Beeren und Früchte** Überleben, Weiterleben, Fruchtbarkeit **Christrose** Geburt Christi, Unmögliches wird möglich **Chrysantheme** Blume des japanischen Kaiserhauses, Macht, Pracht, steht in Verbindung zur Sonne **Erdbeere** Frucht der Aphrodite, Versuchung und Verführung **Granatapfel** Entsprechung zum Apfel **Kaiserkrone** Macht, Herrschaft, in der mittelalterlichen Hierarchie Sinnbild für den Kaiser **Kornblume** Treue des Volkes gegenüber dem Herrscher **Duftende Kräuter und Gewürze** Vergänglichkeit, sinnlicher Augenblick, kurzer Moment **Weiße Lilie** Blume der Himmelsköniginnen, wie z. B. Hera oder Juno, später vom Christentum übernommen und Maria gleichgesetzt **Maiglöckchen** Blume der Frühlingsgöttinnen, in der christlichen Religion für Maria als Königin des Monat Mai, Blume der Mütter **Mistel** Ewigkeit, Verbindung mit dem Kosmos, heilige Pflanze der Kelten und Germanen **Myrte** Der Aphrodite geweiht, ewige Liebe **Nelke** Seit dem Mittelalter Symbol für das Leiden Christi und den Tod **Nuss** Fruchtbarkeit, Schutz vor Bösem **Orakelblume** Durch Abzupfen wird eine Frage beantwortet **Palmenzweig** Siegeszeichen, Zeichen der Märtyrer, himmlischer Ruhm durch Leid, Symbol der Victoria **Passionsblume** Karfreitag, Leid und Sterben Christi, Blüte der Passion **Rote Rose** Leidenschaft, besonders die bedornte Rose, erotische Liebe, aber auch Leid, Blume Marias am Karfreitag, die das Leid der Mutter Gottes beim Sterben ihres Sohnes bekundet **Weiße Rose** Geburtsblume der Aphrodite, unschuldige Liebe, Symbolblume der Liebe Marias zu ihrem Sohn und den Menschenkindern **Schlüsselblume** Schlüssel zum Himmel und damit zu Gott, Schlüssel zu geheimen Schätzen **Stiefmütterchen** Bescheidenheit, Zurückhaltung **Wein** Fruchtbarkeit, Blut Christi, Genuss und Lebensfreude **Weizen** Fruchtbarkeit, Leib Christi, Leben **Wintergrün** Überleben, Stärke gegenüber dem Bösen, Vertreiben böser Geister **Zapfen** Fruchtbarkeit, Überleben, Kind der immergrünen Nadelgehölze **Keimende Zwiebel** Geburt, Geburt der Natur, Neubeginn, übertragen der Beginn des Lebens

IMPRESSUM

Bibliografische Information
Der Deutschen Bibliothek
Die Deutsche Bibliothek verzeichnet diese Publikationen in der Deutschen Nationalbibliografie; detaillierte bibliografische Daten sind im Internet über http://dnb.ddb.de abrufbar.

Wollgrasweg 41, 70599 Stuttgart (Hohenheim)
E-Mail: info@ulmer.de
Internet: www.ulmer.de
Printed in Germany
Lektorat: Ina Vetter
Layout, Illustrationen, Umschlaggestaltung: WILDE2, Stuttgart
Druck und Bindung: Karl Grammlich GmbH, Pliezhausen

ISBN: 3 8001 3922-7

Hier erfahren Sie noch mehr!

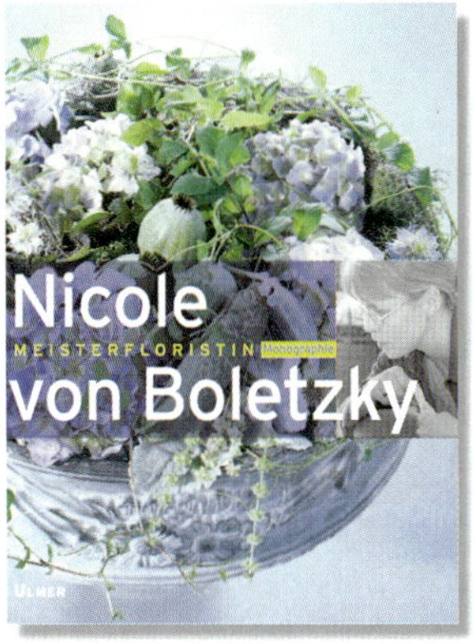

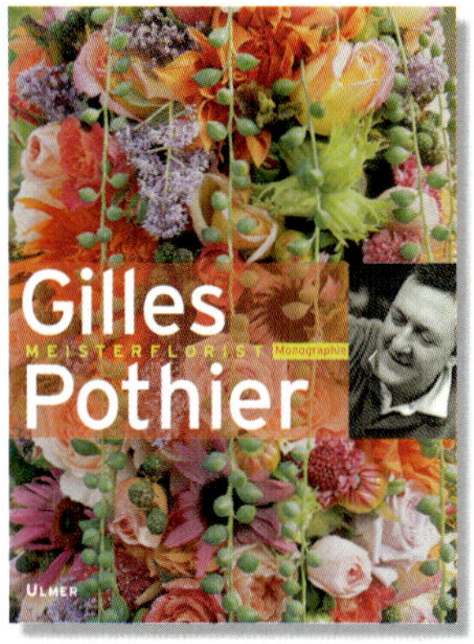

Nicole von Boletzky, die Schweizer Top-Floristin, präsentiert ihre ganz persönliche Definition der Jahreszeiten mit höchst anspruchsvollen Arbeiten. Eine Liste der verwendeten Materialien findet sich am Ende des Bandes. Darüber hinaus rundet ein ausführliches Interview mit der Künstlerin diese wertvolle Monografie ab.
Meisterfloristin Nicole von Boletzky. N. von Boletzky. 2002. 176 S., 120 Farbf. ISBN 3-8001-3978-2.

Der norwegische Florist Tor Gundersen ist weltweit bekannt für seine außergewöhnlichen Werkstücke, die in dieser Monographie wirkungsvoll in Szene gesetzt werden.
Tor Gundersen. Werke - Works. M. Kratz. 2002. 144 Seiten, 78 Farbf., 4 Farbzeichn. ISBN 3-8001-3297-4.

Gilles Pothier, der französische Starflorist und Weltmeister von 1997 präsentiert nach Jahreszeiten geordnet über 60 seiner üppigen und prachtvollen Kreationen.
Meisterflorist Gilles Pothier. 2002. 128 Seiten, 80 sw-und Farbfotos. ISBN 3-8001-3906-5.

Zwanzig weltbekannte Blumenkünstler zeigen erstklassige florale Kreationen, in Szene gesetzt vom Top-Fotografen Michel Hjorth.
Nordic masters of flower arrangement - Meisterfloristen aus Dänemark, Schweden und Norwegen. 2002. 176 S., 135 Farbfotos. ISBN 3-8001-3911-1.

Blumensolo. Moderne Räume wirkungsvoll gestalten. P. Pryke. 2000. 144 Seiten, zahlr. Farbfotos. ISBN 3-8001-6675-5.